Niveau intermédiaire

Corrigés

Anne Vicher
ÉCRIMED'

Chapitre 1 SE PRÉSENTER

Page 9 : Le présent

1. 2. Je prends. – 3. J'étudie. Je dois. – 4. Tu as. – 5. Il est. Il parle. Il habite. Il arrive. – 6. Ma correspondante allemande est. – 7. Elle s'appelle.

2. 2. Qu'est-ce que tu fais ? = *(justification)* Je veux savoir ce que tu fais maintenant, en ce moment. – 3. J'étudie ma leçon d'allemand. = Je suis en train de l'étudier. – 4. Elle est canadienne. = C'est sa nationalité. Elle parle anglais. = Elle sait s'exprimer dans cette langue. – 5. Elle est à Triel depuis trois jours. = Elle est encore à Triel au moment où elle parle. – 6. Elle s'appelle Julia. = C'est son nom.

3. 1. Tu prends. – 2. Nous prenons. Nous nous levons. Nous avons. Je fais. – 3. Tu choisis. Alex et Léo prennent. Papa se fait une tartine. Maman part. Elle déjeune. Elle achète. Elle boit. – 4. Que buvez-vous ? – 5. Alex et Léo boivent du chocolat. Nous buvons. – 6. Tu vas bien ? Tu ne veux rien ? Qu'est-ce qui se passe ? Tu es malade ? – 7. Je ne sais pas quoi choisir.

Page 11 : L'imparfait

1. 2. g. – 3. f. – 4. a. – 5. d. – 6. c. – 7. b.

2. 2. J'étais. – 3. Il y avait. – 4. Nous parlions. Nous dormions. – 5. On faisait. On se promenait. – 6. On visitait. Il y en avait. – 7. Les moniteurs organisaient. Ils chantaient. Nous dansions. – 8. Les soirées se terminaient. – 9. On se levait.

3. En 1975, pour être à la mode, les jeunes portaient des pantalons « pattes d'éph' » (pattes d'éléphant). Ils mettaient des chemises « pop'art ». Ils avaient les cheveux très bouclés : c'était le look « afro ». Ils sortaient en bande dans des discothèques. Ils dansaient sur de la musique disco. Leur groupe préféré s'appelait Les Jackson Five et leur film culte était *La Fièvre du samedi soir* (*Saturday Night Fever*).

Page 13 : L'imparfait et le passé composé

1. 2. **Imparfait** : tout était calme. **Passé composé** : quand soudain une pluie très forte est tombée. – 3. **Imparfait** : nous étions déjà près de la fenêtre. **Passé composé** : quand le tonnerre a grondé. – 4. **Passé composé** : puis le tonnerre a grondé. **Imparfait** : c'était terrible.

2. 1. [1] Imparfait. [2] Imparfait. [3] Passé composé. – 2. [1] Passé composé. [2] Imparfait. – 3. [1] Imparfait. [2] Imparfait. [3] Passé composé. – 4. [1] Imparfait. – 5. [1] Passé composé. [2] Passé composé. [3] Passé composé.

Page 14 : L'imparfait et le passé composé

3. Nous faisions notre jogging et nous bavardions, quand quelqu'un qui courait en sens inverse s'est arrêté devant nous. Avec un charmant accent américain, il nous a dit : « Hello, excusez-moi, vous avez l'heure ? » Il était très beau. Nous nous sommes arrêtées. Nous lui avons donné l'heure. C'est drôle, il me semblait que je le connaissais. Julia aussi. Il nous a dit : « Merci ». Puis il est parti. C'est alors que Julia a poussé un grand cri : « Non, ce n'est pas vrai, vite, il faut le rattraper. » C'était Tom Cruise.

4. Le passé composé. – L'imparfait.

Page 15 : L'imparfait et le passé composé

5. *Exercice libre. Exemple de réponse possible :*
Hier, il m'est arrivé une chose extraordinaire. Je sortais du travail et j'allais prendre le bus pour rentrer chez moi. J'attendais le bus quand je vis une voiture qui s'arrêta devant moi. Incroyable ! C'était une amie d'enfance que je n'avais pas vue depuis des années. Elle proposa de me ramener chez moi. Auparavant, nous sommes allés prendre un café. Nous avons discuté de mon travail et de la vie qu'elle menait en Afrique. C'était une soirée assez inattendue !

6. 1. a brisé – 2. a enquêté – 3. ont interrogé. étaient – 4. étiez – 5. il y avait – 6. n'a pas eu lieu. était – 7. savais – 9. suis rentré –10. qu'avez-vous fait ? – 11. j'ai regardé – 13. regardais – 14. étiez – 15. étaient – 16. faisaient.

Page 17 : Le futur simple

1. 2. Tu lui apprendras. – 3. Elle te montrera. – 4. Vous rirez. – 5. Mais ce ne sera pas cet été !

2. 1. Elle sera seule. J'irai. – 2. Je me présenterai. – 3. Je lui parlerai. – 4. Elle rira. Je rirai. – 5. Cela détendra. – 6. Je l'accompagnerai. – 7. Je lui donnerai. – 8. Elle m'appellera. – 9. Je l'inviterai. – 10. Elle viendra. – 11. Il y aura. – 12. Nous la ramènerons. – 13. On verra. – 14. Nous nous retrouverons. – 15. Je garderai.

3. 1. Je ferai. – 2. Tu feras. Tu m'enverras. – 3. Nous verrons. Nous lui remettrons. – 4. Je verrai. Je lui demanderai. – 5. Je serai. J'achèterai. – 6. Tu rangeras.

Page 19 : Le futur simple et le futur proche

1. 2. Vous ne regarderez pas la télévision. – 3. Vous rangerez. – 4. Vous irez. – 5. Vous ne vous disputerez pas. – 6. Vous mettrez la table.
Exercice libre. Exemples de réponses possibles :
Vous débarrasserez la table. – Vous vous brosserez les dents. – Vous irez dans vos chambres. – Vous lirez un livre ou réviserez vos leçons. – Vous n'éteindrez pas trop tard.

2. 2. Nous irons dormir tôt. – 3. Nous nous lèverons dès que tu nous appelleras. – 4. Quand nous rentrerons de l'école, nous apprendrons nos leçons. Nous goûterons. – 5. Nous écrirons.

3. *Exercice libre. Exemples de réponses possibles :*
Nous t'aiderons à ranger la maison. – Nous t'accompagnerons au marché et aux courses. Nous te porterons le petit déjeuner au lit dimanche matin. Nous ferons un gâteau ce week-end.

4. 2. e. – 3. c. – 4. b. – 5. d. – 6. f.

Page 21 : Les indicateurs de temps

1. a. 2. Non. – 3. Oui. – 4. Oui. – 5. Oui. – 6. Oui.
b. Dans le passé : 2. 3. – Dans le présent : 4. 5. – Dans le futur : 6.
c. 1. Non. – 2. Oui. – 3. Après six ans. – 4. Oui.

2. 2. J'étais. Je passais. – 3. Nous faisions. – 4. Mes parents ont trouvé. Nous avons déménagé. – 5. Nous habitons. – 6. Je m'endors. Je rêve. – 7. Je serai. Je travaillerai. – 8. Tu viendras.

Page 23 : Les indicateurs de temps

1. 1. **b.** Puis un jour, ses parents ont immigré en France. – **c.** Depuis 1994, il habite à Triel. – **d.** L'été prochain, il retournera dans sa ville natale, chez ses grands-parents.
2. **a.** À l'école primaire, il n'était pas très bon élève. Il aimait surtout s'amuser et faire le cancre. – **b.** Puis l'année dernière, il a changé. Il a mûri. – **c.** Depuis la cinquième, il travaille vraiment très bien. Il adore l'allemand et les maths. – **d.** L'été prochain, il fera sûrement un séjour linguistique en Allemagne.
3. **a.** Avant, nous étions très amis, Alex et moi. On jouait souvent à des jeux vidéo ensemble. – **b.** Puis, en septembre, je suis entré(e) dans l'équipe officielle de basket de la ville. – **c.** Maintenant, nous nous voyons beaucoup moins. Il sort plus souvent avec ses copains de cinquième. – **d.** Mais l'année prochaine, quand il aura 14 ans, il rejoindra peut-être notre équipe de basket.

Page 25 : Conjugaison

1. 1. **a.** (Ils souhaitent se marier rapidement.) – 2. **a.** – 3. **a.**
2. sera – **b.**
3. 1. non – 2. oui – 3. oui – 4. non – 5. oui – 6. oui.

Page 27 : Conjugaison

1. 1. *Faire un long voyage :* Un jour, je ferai un long voyage. – *Partir loin avec une copine ou un copain :* Je partirai loin avec une copine. – *Travailler pendant l'été :* On travaillera pendant l'été. – *Mettre tout son argent de côté :* Nous mettrons tout notre argent de côté. – *Acheter un billet d'avion :* Puis, nous achèterons un billet d'avion. – *Prendre un aller simple :* Je prendrai un aller simple. – *Commencer par la Chine :* Ils commenceront par la Chine. – *Aller au Vietnam :* Ensuite, ils iront au Vietnam. – *S'arrêter :* Là, ils s'arrêteront chez la tante de Tony. – *Recevoir :* Elle et son mari les recevront chaleureusement, c'est sûr. – *Gâter :* Elle les gâtera beaucoup. – *Emmener :* Lui aussi. Il les emmènera visiter les plus beaux temples. – *Être :* Ce sera magnifique. – *Voir :* Vous verrez ! – *Ne plus vouloir :* Ils ne voudront plus partir !

Page 28 : Bilan

1. 2. écrivait – a écrit – utilise – se servira – 3. voyageait – a voyagé – on utilise – se servira.
2. *Exemples de phrases possibles :*
On mangeait cru. – L'homme a découvert le feu. – Il se sert du gaz et de l'électricité. – Les aliments cuiront tout seuls !

Page 29 : Bilan

3. **De Karim à Sarah :** 2. mange – 3. crois. suis – 4. es. rédiges – 5. écris – 6. peux – 7. veux. souhaite. **De Sarah à Karim :** est – promets – dirai. **De Karim à Sarah :** 1. ai rencontré – 2. était – 3. parle. apprend – 4. suffit. dirai. **De Sarah à Karim :** 1. as satisfait – 2. veux – 3. me suis beaucoup amusée.
4. Le présent. – Toujours.

Page 30 : Bilan

5. sommes rentrés – faisait – suis arrivé – était – est – rigolait – discutait – semblait – suis allé – n'était pas – avait – connaissais pas – nous nous sommes regardés – sont arrivés – a présenté – voulais – n'ai pas osé – a sonné – décrivait – discutaient – rêvais – parlerai – vais réviser – serai.

Page 31 : Bilan

6. n'est pas – goûterai – vais prendre – est sur le point de manger – mange – rêve – n'a pas touché – a mangé – mangeais.

7. 1. non – **2.**, **3.**, **4.**, **5.** : oui et non sont possibles – **6.** non – **7.** non – **8. a.**, **b.**, **c.** : sont possibles.

8. *Exemples de réponses :*
1. J'ai terminé l'exercice 3 tout à l'heure. – **2.** Je vais commencer la leçon suivante demain.

Chapitre 2 *RACONTER SANS SE RÉPÉTER*

Page 33 : Les pronoms personnels COD

1. 2. le tapis : l' = COD ; il = sujet – **3.** la couleur = sujet – **4.** la couleur = COD – **5.** les motifs = COD – **6.** les motifs : les = COD ; ils = sujet.

2. 2. tu, t' – **3.** il – **4.** le – **5.** elle – **6.** l' – **7.** on, nous – **8.** vous – **9.** vous, ils, ils, les.

3. 2. la – **3.** le – **4.** les – **5.** les – **6.** la – **7.** l' – **9.** le, l' – **10.** le, le – **11.** le.

Page 35 : Les pronoms personnels COI

1. 2. Tu connais MC Solaar – **3.** Je ne connais pas MC Solaar – **4.** Justine adore les Offspring – **5.** J'ai offert à Justine leur dernier CD – **6.** On n'entend plus beaucoup Céline Dion – **7.** Je dirai bonsoir à mes parents.

2. 1. Elle plaît beaucoup à Brad – **2.** Brad fera entendre Lynda Lemay à Sami – **3.** Sami initiera Brad au rap français.

3. 2. Sami lui répond et lui donne son adresse – **3.** Il lui explique le fonctionnement du collège – **4.** Il lui envoie une photo de sa maison et de sa famille – **5.** Il l'attend avec impatience.

4. 2. lui prête – **3.** lui confie – **4.** lui propose.

Page 37 : Les pronoms COD et COI avec un verbe au passé composé

1. 1. Il m'a fait plaisir – **2.** Alors je l'ai mis sur mon bureau – **3.** et je l'ai arrosé une fois par semaine.

2. a. 2. Est-ce que tu lui as répondu ? – **3.** Je lui ai téléphoné. – **4.** Je ne lui ai pas posé la question. – **5.** Il nous a donné son heure d'arrivée. – **6.** Nous l'attendrons à l'aéroport.
b. 2. COI – **3.** COI – **4.** COI – **5.** COI – **6.** COD.

3. 2. Je lui ai prêté le magazine = COI – **3.** On l'a vu avec mes parents = COD – **4.** Il leur a moyennement plu mais nous on l'a adoré = COI, COD – **5.** Il l'a beaucoup aimé = COD – **6.** On t'encourage fortement = COD.

Page 39 : Les pronoms COD et COI avec un verbe au passé composé

1. 2. nous a rendu – **3.** t'a mis – **4.** m'a mis – **5.** lui as demandé – **6.** m'a dit, l'ai bien lu – **7.** l'ai vu, t'a donné – **8.** l'ai aidée.

2. a. lui = COI – nous = COI – les = COD masculin pluriel – les = COD masculin pluriel – les = COD masculin pluriel.
b. 2. Ces rôles de singes, ils les ont interprétés avec beaucoup de naturel.
3. Ces gestes de chimpanzés, ils les ont pratiqués.
4. Ces masques, ils les ont portés des journées entières.

Page 40 : Les pronoms COD et COI avec un verbe au passé composé

3. 2. Je l'ai regardée ; l' = Julia – **3.** Elle m'a vu ; m' = Sami – **4.** je l'ai invitée ; l' = Julia – **5.** Mais elle ne m'a pas répondu ; m' = Sami – **6.** Elle est partie ; elle = Julia – **7.** Et elle les a croisés ; les = Léo et Alex – **8.** Je les ai suivis ; les = Léo et Alex – **9.** Puis elle a disparu ; elle = Julia – **10.** Et je me suis réveillé ; je = Sami.

4. 2. Nous l'avons poussée. – **3.** Vous l'avez vidé ? – **4.** Nous les avons pliés. – **5.** Vous les avez donnés. – **6.** On les a donnés. – **7.** Je les ai mis. – **8.** Je l'ai placée. – **9.** Vous les avez accrochés. – **10.** Je les ai descendus ; je l'ai roulé et l'ai descendu. – **11.** C'est moi qui l'ai déménagé ; les garçons m'ont aidée. – **12.** Je l'ai repeint.

Page 41 : Les pronoms COD et COI avec un verbe au passé composé

5. 2. f. – **3.** a. – **4.** e. – **5.** c. – **6.** b.

6. 2. photos de famille. *Photos* est féminin pluriel et le pronom *les* est un COD pluriel ; le participe passé est au féminin pluriel. – **3.** clef de la chambre de Brad. *Clef* est féminin singulier et *l'* est un COD singulier ; le participe passé indique un féminin singulier. – **4.** tapis à fleurs. *Tapis* est masculin singulier et *l'* est COD singulier ; le participe passé indique un masculin singulier. – **5.** commode. *Commode* est féminin singulier et *l'* indique un singulier ; le participe passé indique un féminin singulier. – **6.** Chloé. *Chloé* est féminin singulier, *l'* est COD singulier ; le participe passé indique un féminin singulier. – **7.** journal. *Journal* est masculin singulier, *l'* est un COD singulier ; le participe passé indique un masculin singulier.

7. 2. Je me suis levée en retard et, du coup, le bus, je l'ai manqué.

3. Quand je suis arrivée au collège, j'étais trempée.
4. Je n'avais pas mon cartable. Je l'avais posé pour fermer la maison à clef et je l'ai oublié devant la porte.
5. Quand je suis entrée dans la classe, j'ai craqué et j'ai pleuré.
6. Heureusement, les copines m'ont consolée !

Page 43 : *En* **et** *y* **pour indiquer le lieu**

1. 1. J'y suis allé. – **2.** J'y ai trouvé. – **3.** On y trouve. – **4.** Il y est allé. – **5.** On y mangeait très bien. – **6.** On pourra y aller.

2 1. Nous y allons avec notre professeur de sports et notre professeur de musique. – **2.** On y fait du ski le matin et de la musique l'après-midi. – **3.** Ma sœur y est allée l'année dernière. – **4.** Elle en est revenue enchantée. **5.** Elle s'y est bien amusée. – **6.** Et elle en a rapporté des photos superbes. – **7.** Et toi tu en enverras des cartes postales à ton ami Tom.

Page 45 : *En* pour exprimer la quantité

1 1. Il en faut trois. – **2.** Tu en achètes 200 grammes. – **3.** Tu en prends 200 grammes. – **4.** C'est cher, alors tu en mettras moins. – **5.** Tu en achètes 2 bouteilles. – **6.** Tu en mets un demi-litre dans le poêlon. – **7.** Tu n'en mets pas trop au début sinon il ne fond pas. – **8.** Tu en ajouteras petit à petit. – **9.** Tu en verseras régulièrement dans le poêlon. – **10.** Tu en prends un peu sur un bout de pain. – **11.** Chacun en prend une dizaine sur son assiette. – **12.** Chacun en met un sur sa fourchette.

Page 47 : *En* et *y* après certains verbes à préposition rigide

1 2. Il y pense – **3.** Il n'y arrive pas. – **4.** Il sait que Sami a besoin de lui. – **5.** Mais lui, il a besoin de Julia, d'être avec elle, ou de rêver d'elle. – **6.** Il en a besoin. – **7.** Il lui parlera de son histoire. – **8.** Il lui en parlera longuement. – **9.** Elle au moins, il est sûr qu'elle n'en rira pas. – **10.** Elle s'y intéressera.

2 à un voyage au Canada – **2.** à téléphoner à l'Office du tourisme canadien – **3.** à l'Office du tourisme – **4.** avec l'hôtesse de l'Office du tourisme canadien – **5.** de Brad.

3 Je joue au foot parce que j'aime les sports d'équipe. J'y joue avec mon grand frère et mes copains. Du ski, j'en fais beaucoup. Au Canada et aux États-Unis. J'aimerais beaucoup en faire en France. Je joue aussi de la guitare. J'en joue tous les soirs. Je suis dans un groupe de rock.

Page 48 : *En* et *y* après certains verbes à préposition rigide

4 2. Et du tennis, il en fait toute l'année. – **3.** Il en fait aussi avec ses copains. – **4.** Il en joue tous les mercredis. – **5.** Il en joue bien. – **6.** Elle en joue dans le groupe de rock du collège. – **7.** Ils pourront y jouer ensemble.

5 Sarah joue de la trompette. Elle en joue tous les soirs. – Léo joue du violoncelle. Il en joue régulièrement. – Karim joue de la batterie. Il en joue au conservatoire. – Iannis joue du djembé. Il en joue depuis 4 ans. – Julia joue de la guitare. Elle en joue avec ses copains.

6 *Exemples de réponses possibles :*
2. Tu vas faire du ski cette année ? **e.** Oui, je vais en faire cet hiver à la Plagne. – **3.** Tu as déjà fait du flysurf ? **g.** Non, je n'en ai jamais fait. Qu'est-ce que c'est ? – **4.** Tu as déjà fait de la planche à voile ? **b.** Oui, j'en ai fait l'été dernier sur la côte atlantique à Biarritz. – **5.** Tu fais souvent du snowboard ? **f.** Oui, j'en fais chaque année en février dans les Alpes. – **6.** Tu fais de la luge quelquefois ? **d.** Oui, j'en fais parfois avec mon petit frère. – **7.** Tu fais souvent du ski nautique ? **c.** Non, mais Brad en fait à Vancouver presque tous les week-ends.

7 *Exemples de réponses possibles :*
1. a. Sami, tu joues au tennis ? **b.** Oui, j'y joue deux fois par semaine. – **2. a.** Karim, tu joues au basket ? **b.** Oui, j'y joue après le collège. – **3. a.** Sarah, tu joues au ping-pong ? **b.** Oui, j'y joue avec Carla. – **4. a.** Julia, tu joues de la guitare ? **b.** Oui, j'en joue le soir avec mes copains. – **5. a.** Carla, tu joues de la flûte ? **b.** Oui, j'en joue tous les jours.

Page 51 : L'ordre des pronoms compléments

1. 2. Sami lui en a pris un. – **3.** Tu m'en donnes un ? – **4.** D'accord mais tu me le rendras. – **5.** Ils les y attendent. – **6.** Il les leur donne. – **7.** Ils lui en offrent un aussi.

2. 1. Je les lui donne mais je demande des intérêts. / Je réfléchis. Il les demandera peut-être à un autre ami. les = 15 euros ; lui = un ami
2. Je fais comme si je ne l'entends pas. l' = une vieille dame. / Je me lève et je la lui laisse. / Je lui indique un siège libre un peu plus loin. la = votre place ; lui = une vieille dame
3. Vous la lui offrez. / Vous lui donnez l'argent qui lui manque. la = sa place ; lui = un ami.

3. 2. Je l'y ai conduit. – **3.** Je les lui ai déposés. – **4.** Je les ai rangés. – **5.** Je les ai laissés.

Page 53 : Les pronoms compléments et l'impératif

1. Iannis : Lance-la-moi. – Le prof de gym : Non, ne la lui donne pas. Brad, passe-la-lui ! – Le gardien de but : Regarde-le ! – Karim : Vas-y Brad !

2. 2. Regarde-le. Admire-le. Essaye-le. Mais ne le garde pas. Rends-le-moi. – **3.** La Saint-Valentin, pensez-y. Et votre Valentine, ne l'oubliez pas ! Offrez-lui des fleurs. – **4.** Vous voulez faire plaisir à des amis : surprenez-les. Offrez-leur des places de théâtre. – **5.** N'y allez pas ! Courez-y ! – **6.** Prenez-le. – **7.** Vos vieux vêtements : ne les jetez plus ! Donnez-les-nous. – **8.** Ne me regarde pas comme ça. Achète-moi.

3. La pile, sers-t-en très longtemps ! Mais ne la jette pas… recharge-la ! – Le livre *Harry Potter*, achète-le, dévore-le mais ne l'avale pas ! – Les ordures, ne les mélange pas, trie-les et recycle-les ! – Les bonbons, goûte-les, partage-les, mais n'en mange pas trop !

Page 55 : Les pronoms compléments et l'infinitif

1. 2. B+A. La faire bouillir. – **3.** B+A. La verser dans une bouteille. – **4.** B+A. Prendre trois sachets de thé. – **5.** B+A+C. Les faire tremper. – **6.** C+B+A. Y ajouter du sucre et du citron. – **7.** A+B. Secouer la bouteille. – **8.** B+A+C. La mettre au frais. – **9.** C+A+B. L'y laisser.

2. 2. Ne pas le poser à côté d'un évier ou d'une baignoire. – **3.** Ne pas l'utiliser à une température supérieure à 45°. – **4.** Le brancher et appuyer sur le bouton marche. – **5.** Soulever la trappe cassette. – **6.** Ne pas la tirer. – **7.** Y insérer une cassette. – **8.** La maintenir enfoncée jusqu'au rembobinage de la cassette. – **9.** Après le bip, parler distinctement à environ 15 cm de l'appareil. – **10.** L'enfoncer quand vous avez terminé. – **11.** Le régler.

Page 57 : Conjugaison

1. 2. Dis-lui de venir. – **3.** Achète des places de cinéma. – **4.** Achètes-en deux. – **5.** Puis appelle Brad. – **6.** Et demande-lui s'il veut venir. – **8.** Choisis un bon film. – **9.** Et explique-lui que c'est un film à ne pas rater. – **10.** Invite-le chez toi, résume-le-lui – **11.** Et regarde-le droit dans les yeux.

2. *Exemples de réponses possibles :*
1. Attends-le à la sortie du collège et propose-lui de faire un bout de chemin ensemble. – **2.** Écris-lui un petit mot et dis-lui franchement ce que tu ressens. – **3.** Souris-lui le plus souvent possible. – **4.** Achète-lui un petit cadeau.

3. 2. Tu as la balle et tu es encerclé, garde-la pour toi puis fais une passe ! – **3.** Mais si ton équipier n'est pas libre, ne la lui passe pas ! – **4.** Antoine, tu avais un adversaire près de toi, ne le laisse pas s'avancer. – **5.** Une partie du terrain était occupée par eux, ne t'y mets pas. – **6.** Les joueurs adverses sont très forts, ne les aide pas en restant à côté d'eux ! – **7.** Mais ton attention, ne la relâche pas.

Page 59 : Conjugaison

4. Les bras / Les prendre / Prenez-les.
Les bras / Les mettre dans les trous / Mettez-les dans les trous.
Les jambes / Les accrocher au corps / Accrochez-les au corps.
Les deux parties / Les enfoncer l'une dans l'autre / Enfoncez-les l'une dans l'autre.
La tête / La rentrer dans le cou / Rentrez-la dans le cou.
Le pistolet / L'accrocher à la ceinture / Accrochez-le à la ceinture.

5. *Exemples de réponses possibles :*
1. Donne-les à la Croix-Rouge – **2.** Dis-le au prof de maths ! – **3.** Prête-lui mais dis-lui d'y faire attention. – **4.** Ne t'inquiète pas, encourage-le !

Page 60 : Bilan

1. **2.** Il ne parle plus. – **3.** Je le crois amoureux. – **4.** Comment la trouves-tu ? – **5.** Je la trouve très jolie. – **6.** Tu crois qu'elle est amoureuse de Karim ? – **7.** Je crois qu'elle l'aime bien. Je ne les comprends pas toujours bien.

2. **1.** Un nouvel élève arrive dans ta classe au milieu de l'année :
a. Tu le salues mais tu ne lui parles pas tout de suite. – **b.** Tu lui souhaites la bienvenue et tu lui montres le collège. – **c.** Tu lui proposes de l'aider et tu lui expliques ce qu'il faut faire. – **d.** Tu le présentes aux professeurs. – **e.** Tu ne lui dis rien.
2. S'il est sympathique :
a. Tu lui téléphones le soir même et tu l'invites chez toi. – **b.** Tu lui demandes où il habite et tu vas le voir. – **c.** Tu lui offres un cadeau de bienvenue. – **d.** Tu l'invites à un match de foot – **e.** Tu lui donnes le numéro de téléphone d'une bonne copine.
3. Une nouvelle élève arrive dans ta classe au milieu de l'année :
a. Tu lui souris et tu lui dis de venir s'asseoir à côté de toi. – **b.** Tu ne la regardes pas. – **c.** Tu l'invites à la prochaine fête chez ton meilleur copain. – **d.** Tu la présentes à ton meilleur copain. – **e.** Tu lui écris un poème.

Page 61 : Bilan

3. **3.** Oh non, j'en sors à l'instant. Et on y est allés hier. – **4.** On y donne des cours de salsa. – **5.** Il paraît qu'il y a de l'ambiance. On en sort en super forme. – **6.** On y va ? – **7.** Vous y allez sans moi. Je m'en vais tôt demain. On y va pour son anniversaire.

4. **2.** plage – **3.** anniversaire – **4.** cinéma – **5.** disques – **6.** croissants – **7.** lycée – **8.** pieds.

5. **2.** Et Laure, est-ce qu'elle l'appelle souvent ? – **3.** Non, mais il leur téléphone de temps en temps. – **4.** Oui, elle lui plaît beaucoup. – **5.** Non, il ne la connaît pas très bien. – **6.** Non, elle n'est plus du tout amoureuse de Martin. – **7.** Oui, on s'y intéresse pas mal.

Page 62 : Bilan

6. **a. 2.** *en* remplace « des garçons » : Il y a beaucoup de garçons. – **3.** *en* remplace des « garçons » : Il y a plusieurs garçons. – **4.** *en* remplace « un garçon » : Vous rencontrerez un garçon.

b. Le pronom « en » reprend le nom en position COD.
c. Soyez patiente et vous finirez par en trouver un ou plusieurs qui vous aimeront. De la patience, il en faut énormément en amour.

Page 63 : Bilan

7 2. Tu la suis. – **3.** Tu l'attrapes. – **4.** Mets-les dans ton sac. – **5.** Si elle te demande un cadeau. – **6.** Donne-le-lui. – **7.** Ensuite, laisse-la partir. – **8.** Je ne m'en souviens plus. – **9.** La sorcière, tu l'as vue. – **10.** Le bibelot, tu le lui as offert. – **11.** Oui, entres-y ! – **12.** Ah non, non, sors-en. – **13.** Heureusement, tu les as évités. – **14.** Place-le dans ma main et pousse-le. – **15.** Tu l'as trouvé au début de la partie. Vas-y, porte-le à la statue.

Chapitre 3 *CARACTÉRISER / QUALIFIER*

Page 65 : Les pronoms relatifs

1 qui – qui – qui – que – qui – qui – qui – qu'.

2 2. C'est un fromage que les Français adorent mais qui ne sent pas toujours bon : le camembert. – **3.** C'est un pain salé qui a la forme de bras croisés et qui vient d'Allemagne : le bretzel. – **4.** C'est un plat d'Afrique du Nord qui est à base de semoule et qui est servi à la cantine tous les mardis : le couscous. – **5.** C'est une tarte italienne qui est mangée partout dans le monde et qui est le plat préféré des Tortues Ninja : la pizza.

Page 67 : Les pronoms relatifs

1 *Exercice libre. Exemples de réponses possibles :*
1. Je n'aime pas les filles qui sont dans ma classe. – **2.** Je n'aime pas les garçons qui se moquent des filles. – **3.** Je n'aime pas les profs qui donnent trop de devoirs. – **4.** Je n'aime pas les enfants qui ne prêtent pas leurs jouets. – **5.** Je n'aime pas les amis des parents qui viennent sans prévenir. – **6.** J'aime les devoirs que nous donne mon professeur de français. – **7.** J'aime les livres que j'ai lus cet été. – **8.** J'aime les films que cet homme réalise. – **9.** J'aime les gâteaux que ma grand-mère prépare. – **10.** J'aime les vêtements que Sarah m'a offerts.

2 2. toi – **4.** a pris – **5.** avons – **6.** prendras – **7.** avez – **8.** ont acheté.

3 2. ai débarrassé – **3.** débarrasse – **4.** avons tout fait – **6.** assures – **7.** êtes – **8.** vais débarrasser. feront.

Page 69 : Les pronoms relatifs

1 2. g. – **3.** a. – **4.** e. – **5.** c. – **6.** b. – **7.** d.

2 Le jour où nous nous sommes rencontrés, c'était le 5 octobre. Il y a de cela presque deux années. Cela fait dix jours que nous nous sommes quittés, sur un banc, où j'ai pleuré. Un banc où nous nous sommes embrassés. Un banc de Paris, ville où je t'ai rencontré. Il faisait froid. Le café où nous nous sommes installés, où nous avons parlé, je l'ai retrouvé. J'y suis rentrée. J'ai eu froid. Le garçon m'a installée à la place d'où tu m'as regardée, où j'ai espéré te revoir longtemps. Souvent. Amoureusement.

3 qui – que – qui – où – qu'.

Page 71 : Les pronoms relatifs

1. 1. Tu trouveras le pull noir moulant dont tu rêves aux Galeries Fun. – **2.** Vous trouverez le jeans 2010 dont il a envie aux Galeries Fun. – **3.** Vous trouverez le dernier parfum de KC2 dont elle ne peut se passer aux Galeries Fun. – **4.** Tu trouveras une brosse à dents à pile dont ton frère se servira tous les jours aux Galeries Fun. – **5.** Tu trouveras le lecteur de mini-disques Synoha dont ton meilleur copain a absolument besoin aux Galeries Fun. – **6.** Vous trouverez les nouvelles baskets Mapu dont tout le monde parle aux Galeries Fun.

2. *Exemples de réponses possibles :*
2. J'ai une nouvelle voiture dont je suis très fière. – **3.** Mon ami porte les chaussures dont j'ai envie. – **4.** Dans ce film, il y a une scène dont j'ai peur. – **5.** Dans ma classe, il y a une élève dont le professeur de français se plaint souvent. – **6.** Il y a des sentiments dont on n'est jamais certain. – **7.** J'ai une amie dont mes copains sont fous. – **8.** Il y a des jeux vidéo dont on se fatigue vite. – **9.** Il y a des secrets de famille dont il ne faut pas trop parler.

3. **2.** trois eaux minérales dont une pétillante. – **3.** quatre glaces dont deux sans crème chantilly. Impossible. – **4.** Impossible. – **5.** trois salades de fruits dont une sans bananes ; trois salades de fruits dont une sans ananas. – **6.** impossible. – **7.** deux gâteaux au chocolat dont un avec de la crème anglaise.

Page 73 : Les pronoms démonstratifs

1. 2. c. – 3. d. – 4. f. – 5. e. – 6. a.

2. 2. f. – 3. e. – 4. d. – 5. a. – 6. b.

3. 2. celles-ci ; ils parlent de chaussures. – **3.** celle, celle ; ils parlent d'une jupe ou d'une robe. – **4.** ceux-ci, ceux-là ; ils parlent de gants. – **5.** celui-là ; ils parlent d'un masque. – **6.** celui-ci ; ils parlent d'un costume.

Page 75 : Les pronoms démonstratifs

1. 2. celles – **3.** celle, celui – **5.** celui, celui – **6.** ceux – **7.** celui, celui, celle, celle.

2. 3. ce qu' – **4.** cette robe-là. celle de – **5.** cette robe-ci. ce – **7.** celle. celle-là. celle que – **8.** celle-ci. – **9.** ces. celles dont – **10.** celle. ce qui – **11.** ce costume-ci. celui.

Page 77 : Les pronoms interrogatifs

1. 3. quelles – **4.** quel – **5.** quels – **8.** quelle.

2. 2. laquelle – **3.** lequel – **4.** lesquelles – **5.** laquelle.

3. 2. laquelle – **5.** lequel – **7.** lequel – **10.** laquelle – **11.** quel – **13.** lesquels – **15.** quelle.

Page 79 : Les pronoms possessifs

1. 1. C'est l'écharpe de Julia. – **2.** C'est le bonnet d'Alex. – **4.** Ce sont les gants des jumeaux. – **5.** C'est le sac d'Alex. – **6.** C'est le sac d'Alex et Léo. – **7.** C'est celui d'Alex et Léo.

2. 2. b. – 3. a. – 4. f. – 5. g. – 6. c. – 7. e.

3. 2. la mienne – **3.** le tien – **4.** des miennes – **5.** les miennes.

4. 2. le sien (= son cœur) – **3.** le mien (= mon bonheur) – **4.** les siennes (= ses larmes) – **5.** le mien (= mon sourire) – **6.** la sienne (= sa façon de penser) – **7.** du sien (= son amour). – **8.** le sien (= son cœur) – **9.** le mien (= mon cœur).

Page 81 : Conjugaison

1. Je me suis levé(e). Nous nous sommes levé(e)s. – Je me suis lavé(e). Nous nous sommes lavé(e)s. – Tu t'es brossé les dents. Vous vous êtes brossé les dents. – Tu t'es lavé les cheveux. Vous vous êtes lavé les cheveux. – Tu t'es regardé(e) dans une glace. Vous vous êtes regardé(e)s dans une glace. – Il s'est dépêché. Elles se sont dépêchées. – Il s'est cogné. Elles se sont cognées. – Il s'est tordu la cheville. Elles se sont tordu la cheville. – Elle s'est mordu la langue. Ils se sont mordu la langue. – Elle s'est énervée. Ils se sont énervés. – Elle s'est recouchée. Ils se sont recouchés. – Tu ne t'es pas levé(e). Nous ne nous sommes pas levé(e)s. – Tu ne t'es pas lavé(e). Nous ne nous sommes pas lavé(e)s. – Il ne s'est pas brossé les dents. Elles ne se sont pas brossé les dents. – Il ne s'est pas lavé les cheveux. Elles ne se sont pas lavé les cheveux. – Il ne s'est pas regardé dans la glace. Elles ne se sont pas regardées dans la glace. – Vous ne vous êtes pas dépêché(e)s. – Vous ne vous êtes pas cogné(e)s. – Vous ne vous êtes pas fait mal.

Page 82 : Bilan

1. 2. qui – 4. dont. dont. que. dont. que. qui – 6. où. où.

2. 2. celui qui. celui que – 4. celle qu' – 5. celui dont – 6. ceux que. celles qui.

3. 3. ce que. ce qui – 4. ce que. ce qui. ce dont. ce dont.

Page 83 : Bilan

4. *Exemples de réponses possibles :*
1. Ce que je préfère faire, c'est aller au cinéma. – 2. Ce dont j'ai peur dans la vie, c'est d'échouer à mes examens. – 3. Ce qui m'intéresse à l'école, c'est pouvoir me faire des amis. – 4. Ce que je vais voir au cinéma, ce sont des films de science-fiction. – 5. Ce qui me plaît le week-end, c'est aller me balader.

5. 2. qu'. qui – 3. que – 4. qui – 5. que – 6. dont – 7. qui. que.

6. *Exemples de réponses possibles :*
1. Quel est le pain français qui est très connu à l'étranger ? La baguette. – 2. Quelle est la spécialité italienne que les Tortues Ninja adorent ? La pizza. – 3. Quelle est la chanteuse canadienne dont le mari s'appelle René ? Céline Dion. – 4. Quelle est la ville où coule la Seine ? Paris.

Page 84 : Bilan

7. 2. Quel est votre prénom ? – 3. Quelle est votre date de naissance ? – 4. Dans quelle classe êtes-vous ? – 5. Quelles options avez-vous choisies ? – 6. Quels sports pratiquez-vous ? – 7. De quels instruments de musique jouez-vous ?

8. le vôtre – le vôtre – le vôtre – le mien.

Page 85 : Bilan

9. 2. celles de Juliette. – 3. celle de Charlotte. – 4. ceux de François. – 5. J'aime bien ton pantalon. Il est aussi beau que celui de Stéphane. – 6. J'aime bien tes parents. Ils sont plus accueillants que ceux de Loïc. – 7. J'aime bien ta sœur. Elle est plus mignonne que celle de Thomas. – 8. J'aime bien ce film. Il est mieux réalisé que celui que j'ai vu samedi dernier.

10. 2. celui qui – 3. celui qui – 4. ce qui – 5. celui qui – 6. celui qui chante.

11. 1. qui. l' – 2. quelle – 3. celle-ci. celle – 4. laquelle – 5. celle qui – 6. celle-là – 7. celle qui. dont – 8. celui dont. où.

Page 87 : Le comparatif

1. 2. plus courts que. moins longs que – 3. encore moins longs – 4. plus grandes – 5. plus que – 6. moins chères.

2. 2. plus longs que – 3. mieux qu'elle – 4. moins vite que – 5. plus prudente – 6. moins souvent que lui – 7. moins proches de la ville qu'à Vancouver – 8. plus sûre. mieux – 9. plus d'assurance. plus – 10. meilleur. plus de charme – 11. plus amusant.

3. 1. plus rapide que – 2. aussi bon que – 3. moins bon. plus mauvais – 4. aussi vite que. meilleur – 5. aussi bons que – 6. aussi bavards que.

Page 89 : Le comparatif

1. Je t'aime aujourd'hui, plus qu'hier et (bien) moins que demain.

2. 2. Les chutes du Niagara sont moins hautes que celles du Zambèze. – 3. moins ancienne que – 4. moins grand que – 5. beaucoup moins rapide mais plus performant que – 6. plus longtemps que – 7. plus long que.

3. 1. plus de, moins de, meilleur que – 2. plus légère, plus saine, plus de sport de plein air, aussi jeune qu', mieux – 3. mieux… que, plus que, plus de, plus qu'un.

Page 91 : Le comparatif

1. *Exemples de réponses possibles :*
2. Les garçons pleurent moins que les filles. – 3. Les garçons skient aussi bien que les filles. – 4. Les filles sont meilleures en orthographe que les garçons. – 5. Les filles sont aussi gourmandes que les garçons. – 6. Les filles sont beaucoup plus lentes à se préparer que les garçons. – 7. Les garçons jouent un peu plus souvent à la PlayStation que les filles. – 8. Les garçons sont meilleurs au foot que les filles. – 9. À 14 ans, les filles sont un peu plus grandes que les garçons. – 10. À 15 ans, les filles n'ont pas une voix aussi grave que les garçons. – 11. Les garçons ont un meilleur sens de l'orientation que les filles. – 12. Les filles parlent un peu mieux les langues étrangères que les garçons.

2. 2. En France, on mange autant de fruits que dans mon pays. – 3. On boit beaucoup plus de vin. – 4. Les jeunes boivent un peu moins de coca. – 5. On met autant de sel. – 6. On utilise vraiment moins d'épices. – 7. On consomme un peu plus de pain. – 8. On fait autant de gâteaux.

Page 93 : Le superlatif

1. 3. mieux – 4. mieux, moins – 6. les plus durs, pires, meilleures, le plus, le plus efficace. – 7. très agréable, le mieux, les plus indécis, les plus lâches, les moins courageux, les moins généreux – 9. meilleur, meilleures, le meilleur, la plus disponible, le plus merveilleux, le plus ouvert, le plus sensible, le moins égoïste – 10. plus beaux, meilleure.

2. 1. la plus – 2. le plus – 3. la plus.

Page 95 : Le superlatif

1. 2. Val d'Isère est la station qui a le plus grand domaine skiable. – 3. La Plagne est la station qui a le plus grand nombre de pistes bleues. – 4. Les pistes rouges à Val d'Isère sont les plus nombreuses. – 5. Chamonix est la station qui a le moins de pistes bleues. – 6. Chamonix est la station qui a le plus haut sommet. –

7. L'hôtel de La Plagne a la plus haute altitude. – **8.** La gare pour Val d'Isère est la plus éloignée de la station. – **9.** Le prix d'une semaine de ski est le plus élevé à Val d'Isère. – **10.** Le prix d'une semaine de ski est le plus bas à La Plagne. – **11.** *Réponse libre.*

Page 97 : Conjugaison

1. 2. Il ne s'est pas coiffé. – **3.** Elle ne s'est pas levée. – **4.** Sarah s'est rendormie. – **5.** Camille s'est recouchée. – **6.** Marie s'est mise à rêver.

2. 2. Ils ne se sont jamais téléphoné. Se = COI, donc pas d'accord. – **3.** Ils se sont connus par mél. Se = COD = Marie et Tom = masc. plur. → connus. – **4.** Ils se sont écrit souvent. Se = COI, donc pas d'accord. – **5.** Ils se sont compris tout de suite. Se = COD = Tom et Marie → compris. – **6.** Je crois qu'ils se sont plu. Se = COI, donc pas d'accord.

3. 2. Nous sommes retrouvés. – **3.** Nous sommes aperçus. – **4.** Nous sommes reconnus. – **5.** Nous sommes très bien entendus. – **6.** Nous nous sommes beaucoup entraînés. – **7.** Nous nous sommes qualifiés. – **8.** Je me suis régalé. – **9.** On s'est amusés.

Page 98 : Bilan

1. 2. Le sommet le plus élevé d'Europe est le mont Blanc. – **3.** L'état le plus petit d'Europe est le Vatican. – **4.** L'oiseau le moins grand qu'on peut voir à Cuba mesure 6 cm de long. – **5.** Le meilleur nougat de France est fabriqué à Montélimar. – **6.** La tour de Londres est bien moins haute que la tour Eiffel.

2. *Exemples de réponses possibles :*
2. Quel est le plus bel acteur de cinéma ? **B.** Pour moi, c'est Brad Pitt. **A.** Ah oui ? Pour moi, Johnny Depp a de plus beaux yeux que lui. – **3.** Quelle est, d'après toi, la chanteuse qui a la plus belle voix ? **B.** D'après moi, c'est Hélène Ségara. **A.** Pour moi, Céline Dion chante mieux qu'elle. – **4.** Quel est le meilleur groupe de rock ? **B.** Pour moi, c'est Radiohead. **A.** Ah oui ? Pour moi, Aerosmith est bien meilleur qu'eux.

Page 99 : Bilan

3. *Exemples de réponses possibles :*
2. En France, la végétation est moins abondante qu'au Congo. – **3.** Les gens sont moins grands qu'en Suède. – **4.** Les magasins ferment plus tard qu'aux Pays-Bas. – **5.** On boit plus de vin qu'en Allemagne. – **6.** La nourriture est moins épicée qu'en Italie.

4. *Exemples de réponses possibles :*
2. Chez nous, il fait bien moins froid qu'en France. – **3.** En Espagne, les acteurs de cinéma sont aussi nombreux qu'en France. – **4.** Chez nous, les jeunes apprennent plus souvent la musique qu'en France. – **5.** En France, les cours se finissent plus tard que chez nous.

5. *Exemples de réponses possibles :*
Prix Guignol décerné à Karim. Il reçoit un livre des meilleures blagues du monde. Parce que ? C'est celui qui est le plus drôle de la classe. Il est beaucoup plus amusant que Paul. – Prix Rio décerné à Julien. Il reçoit des chaussures de danse. C'est celui qui danse le mieux de toute l'école. Il danse beaucoup mieux que Pedro. – Prix Tour Eiffel décerné à Florence. Elle reçoit la cassette vidéo d'*Amélie Poulain*. C'est celle qui a les meilleures notes en français. Elle est plus

douée que Karine. – Prix En Vogue décerné à Justine. Elle reçoit un bon d'achat dans sa boutique de vêtements préférée. C'est celle qui a les vêtements les plus à la mode de tout le collège. Elle est un peu plus chic que Véronique. – Prix Machiavel décerné à François. Il reçoit un livre sur les bonnes manières. C'est celui qui est le moins sympathique de toute la classe. Il est encore plus désagréable que Clémentine. – Prix Auréole décerné à Juliette. Elle reçoit les félicitations du jury. C'est celle qui partage le plus dans la classe. Elle est bien plus généreuse que Martine.

Page 101 : Bilan

6 2. bien moins jolie. moins bien que – **3.** moins classique et plus courte – **4.** meilleur marché – **6.** plus désagréable que les autres.

7 2. dont tu m'as montré la photo. à qui. qui est allé – **4.** Celle qu'il a descendue à toute vitesse. – **6.** qui m'as donné son mél – **7.** qui lui as dit – **8.** ce qui. aussi sportive que toi ou que lui – **9.** aussi bien que toi – **10.** qu'. moi. dont.

Chapitre 5 *EXPRIMER LA NÉGATION*

Page 103 : La négation

1 2. Non, je n'ai rien fait. – **3.** Non, et je n'ai pas écouté la radio. – **4.** Non, je n'ai pas ouvert une BD. – **5.** Non, je ne lui ai pas écrit. Je ne lui ai pas envoyé de mél. Je ne lui ai pas téléphoné.

2 2. Elle ne sortait plus. – **3.** Elle ne téléphonait plus à ses copains. – **4.** Elle ne voulait plus rencontrer aucun garçon. – **5.** Elle pleurait, ça ne l'aidait pas beaucoup. – **6.** Alors elle a tout écrit dans son journal. – **7.** Elle ne lui a rien caché. – **8.** Puis un jour elle n'a plus pleuré. – **9.** Tous les garçons ne sont pas égoïstes. – **10.** Ne sont pas tous lâches. – **11.** Ne sont pas tous aussi insensibles que lui. – **12.** Elle a accepté la proposition de Brad. – **13.** Elle n'a plus pensé à Martin.

Page 105 : La négation

1 2. a. – 3. f. – 4. e. – 5. d. – 6. c.

2 2. Ce n'est pas vrai ! Ce n'est pas possible ! – **3.** Il n'y a plus de haricots verts. – **4.** Je n'aime pas cela. – **5.** Vous n'avez pas de radis ? – **6.** Je n'en ai pas. – **8.** non plus ; pas de radis ni de concombres. – **10.** Je n'ai plus de saucisson. – **12.** Je ne mange pas de viande. – **14.** Pas de vin. – **16.** Il n'y a plus de coca. – **17.** Ce n'est pas grave. – **19.** Non plus.

Page 107 : La négation

1 1. ne ; n'ai pas d'ami ; personne ne ; ne suis pas ; ne me trouve pas ; ne veux plus. – **2.** ne suis jamais ; aucun ; ne sais pas ; ne le saurai que ; ne supporte pas. – **3.** n'aime personne ; ne pense qu'à lui ; n'aime que son canapé ; il ne fait rien ; il ne va jamais nulle part ; il ne téléphone jamais à personne.

2 2. ne mange jamais de viande. – **3.** ne travaille pas. – **4.** qui ne dort pas. – **5.** ne s'intéresse qu'à lui. – **6.** personne ne comprend. – **7.** n'aime pas les étrangers. – **8.** qui n'aime pas les femmes.

Page 109 : Conjugaison

1 a. Ne pas marcher sur la pelouse. – b. Ne pas jouer au ballon. / Ne pas jouer au foot. – c. Ne pas faire de vélo dans le parc. – d. Ne pas laisser de vaisselle sur les tables. – e. Ne pas cueillir les roses. – f. Ne pas s'asseoir sur les statues.

2 *Exemples de réponses possibles :*
2. Justement, ici, on ne joue pas au foot. Mais, monsieur l'agent, ce n'est pas un ballon de foot, c'est un ballon de rugby. – **3.** Et vous, mademoiselle, c'est interdit de rouler à vélo dans le parc. Mais, monsieur, je ne roule pas à vélo. Je suis juste assise sur ma selle et j'attends mon ami. – **4.** Monsieur, débarrassez la table, s'il vous plaît. Mais, monsieur, je viens tout juste d'arriver. Ce n'est pas moi qui ai laissé traîner cette vaisselle. Je n'ai encore rien mangé. Et rien bu. Mais j'ai soif… – **5.** Mademoiselle, il est interdit de cueillir les roses de ce jardin. Mais, monsieur, je ne les cueille pas, je les sens, c'est tout. Et elles sentent très bon. Vous voulez les sentir ? – **6.** Monsieur, ne vous asseyez pas sur les monuments. C'est interdit. Mais, monsieur, c'est une statue. Et elle est couchée. (*Ou :* Monsieur, ne vous asseyez pas sur les statues. C'est interdit. Mais, monsieur, cette statue est déjà assise / allongée / couchée.)

3 *Exemples de réponses possibles :*
1. Je ne jouerai plus ni au foot ni au rugby au jardin des Plantes. – **2.** Je ne prendrai plus mon vélo lorsque j'irai au jardin des Plantes. – **3.** Je débarrasserai les tables du jardin, même si je ne m'y suis pas assis. – **4.** Je ne m'approcherai plus des rosiers du jardin des Plantes. – **5.** Je ne toucherai plus les statues du parc.

Page 110 : Bilan

1 2. Il ne parle à personne. – **3.** Elle ne s'intéresse à rien. – **4.** Il n'a aucun ami. – **5.** Elle ne va nulle part. – **6.** Il n'a peur de rien. – **7.** Elle n'en parle aucune. – **8.** Rien ne va pour elle. – **9.** Personne ne l'aime.

2 1. On ne pouvait voter qu'à 21 ans. – **2.** L'école n'était obligatoire que jusqu'à 12 ans. – **3.** Il ne faut plus que 3 heures avec le Concorde.

3 2. Je pense à mes amis. – **3.** Il ne me manque plus. – **4.** Je ne me sens plus ni seule ni abandonnée. – **5.** Je ne suis presque plus jamais triste. – **6.** J'arrive de nouveau à rire avec mes amis. – **7.** et à participer à leurs sorties. – **8.** J'ai envie de faire plein de choses. – **9.** Écrire mon espoir et ma joie. – **10.** Je ne l'aime plus. – **11.** C'est facile d'oublier quelqu'un que l'on n'aime plus.

4 Il y a du monde partout même après neuf heures du soir. – Beaucoup de piétons, et encore plus de voitures. – Dans les rues et sur les places. – Des cris, des rires, du bruit. – On n'entend plus le vent dans les arbres qui ont toujours quelque chose à protéger. – On n'entend plus la mer au loin. On n'entend que les cris des baigneurs. (*Ou :* Il y a trop de baigneurs.)

Niveau intermédiaire

Corrigés

Anne Vicher
ÉCRIMED'

Chapitre 1 *SE PRÉSENTER*

Page 9 : Le présent

1. 2. Je prends. – 3. J'étudie. Je dois. – 4. Tu as. – 5. Il est. Il parle. Il habite. Il arrive. – 6. Ma correspondante allemande est. – 7. Elle s'appelle.

2. 2. Qu'est-ce que tu fais ? = *(justification)* Je veux savoir ce que tu fais maintenant, en ce moment. – 3. J'étudie ma leçon d'allemand. = Je suis en train de l'étudier. – 4. Elle est canadienne. = C'est sa nationalité. Elle parle anglais. = Elle sait s'exprimer dans cette langue. – 5. Elle est à Triel depuis trois jours. = Elle est encore à Triel au moment où elle parle. – 6. Elle s'appelle Julia. = C'est son nom.

3. 1. Tu prends. – 2. Nous prenons. Nous nous levons. Nous avons. Je fais. – 3. Tu choisis. Alex et Léo prennent. Papa se fait une tartine. Maman part. Elle déjeune. Elle achète. Elle boit. – 4. Que buvez-vous ? – 5. Alex et Léo boivent du chocolat. Nous buvons. – 6. Tu vas bien ? Tu ne veux rien ? Qu'est-ce qui se passe ? Tu es malade ? – 7. Je ne sais pas quoi choisir.

Page 11 : L'imparfait

1. 2. g. – 3. f. – 4. a. – 5. d. – 6. c. – 7. b.

2. 2. J'étais. – 3. Il y avait. – 4. Nous parlions. Nous dormions. – 5. On faisait. On se promenait. – 6. On visitait. Il y en avait. – 7. Les moniteurs organisaient. Ils chantaient. Nous dansions. – 8. Les soirées se terminaient. – 9. On se levait.

3. En 1975, pour être à la mode, les jeunes portaient des pantalons «pattes d'éph'» (pattes d'éléphant). Ils mettaient des chemises «pop'art». Ils avaient les cheveux très bouclés : c'était le look «afro». Ils sortaient en bande dans des discothèques. Ils dansaient sur de la musique disco. Leur groupe préféré s'appelait Les Jackson Five et leur film culte était *La Fièvre du samedi soir* (*Saturday Night Fever*).

Page 13 : L'imparfait et le passé composé

1. 2. **Imparfait** : tout était calme. **Passé composé** : quand soudain une pluie très forte est tombée. – 3. **Imparfait** : nous étions déjà près de la fenêtre. **Passé composé** : quand le tonnerre a grondé. – 4. **Passé composé** : puis le tonnerre a grondé. **Imparfait** : c'était terrible.

2. 1. [1] Imparfait. [2] Imparfait. [3] Passé composé. – 2. [1] Passé composé. [2] Imparfait. – 3. [1] Imparfait. [2] Imparfait. [3] Passé composé. – 4. [1] Imparfait. – 5. [1] Passé composé. [2] Passé composé. [3] Passé composé.

Page 14 : L'imparfait et le passé composé

3. Nous faisions notre jogging et nous bavardions, quand quelqu'un qui courait en sens inverse s'est arrêté devant nous. Avec un charmant accent américain, il nous a dit : «Hello, excusez-moi, vous avez l'heure ?» Il était très beau. Nous nous sommes arrêtées. Nous lui avons donné l'heure. C'est drôle, il me semblait que je le connaissais. Julia aussi. Il nous a dit : «Merci». Puis il est parti. C'est alors que Julia a poussé un grand cri : «Non, ce n'est pas vrai, vite, il faut le rattraper.» C'était Tom Cruise.

4. Le passé composé. – L'imparfait.

Page 15 : L'imparfait et le passé composé

5 *Exercice libre. Exemple de réponse possible :*
Hier, il m'est arrivé une chose extraordinaire. Je sortais du travail et j'allais prendre le bus pour rentrer chez moi. J'attendais le bus quand je vis une voiture qui s'arrêta devant moi. Incroyable ! C'était une amie d'enfance que je n'avais pas vue depuis des années. Elle proposa de me ramener chez moi. Auparavant, nous sommes allés prendre un café. Nous avons discuté de mon travail et de la vie qu'elle menait en Afrique. C'était une soirée assez inattendue !

6 1. a brisé – 2. a enquêté – 3. ont interrogé. étaient – 4. étiez – 5. il y avait – 6. n'a pas eu lieu. était – 7. savais – 9. suis rentré –10. qu'avez-vous fait ? – 11. j'ai regardé – 13. regardais – 14. étiez – 15. étaient – 16. faisaient.

Page 17 : Le futur simple

1 2. Tu lui apprendras. – 3. Elle te montrera. – 4. Vous rirez. – 5. Mais ce ne sera pas cet été !

2 1. Elle sera seule. J'irai. – 2. Je me présenterai. – 3. Je lui parlerai. – 4. Elle rira. Je rirai. – 5. Cela détendra. – 6. Je l'accompagnerai. – 7. Je lui donnerai. – 8. Elle m'appellera. – 9. Je l'inviterai. – 10. Elle viendra. – 11. Il y aura. – 12. Nous la ramènerons. – 13. On verra. – 14. Nous nous retrouverons. – 15. Je garderai.

3 1. Je ferai. – 2. Tu feras. Tu m'enverras. – 3. Nous verrons. Nous lui remettrons. – 4. Je verrai. Je lui demanderai. – 5. Je serai. J'achèterai. – 6. Tu rangeras.

Page 19 : Le futur simple et le futur proche

1 2. Vous ne regarderez pas la télévision. – 3. Vous rangerez. – 4. Vous irez. – 5. Vous ne vous disputerez pas. – 6. Vous mettrez la table.
Exercice libre. Exemples de réponses possibles :
Vous débarrasserez la table. – Vous vous brosserez les dents. – Vous irez dans vos chambres. – Vous lirez un livre ou réviserez vos leçons. – Vous n'éteindrez pas trop tard.

2 2. Nous irons dormir tôt. – 3. Nous nous lèverons dès que tu nous appelleras. – 4. Quand nous rentrerons de l'école, nous apprendrons nos leçons. Nous goûterons. – 5. Nous écrirons.

3 *Exercice libre. Exemples de réponses possibles :*
Nous t'aiderons à ranger la maison. – Nous t'accompagnerons au marché et aux courses. Nous te porterons le petit déjeuner au lit dimanche matin. Nous ferons un gâteau ce week-end.

4 2. e. – 3. c. – 4. b. – 5. d. – 6. f.

Page 21 : Les indicateurs de temps

1 a. 2. Non. – 3. Oui. – 4. Oui. – 5. Oui. – 6. Oui.
b. Dans le passé : 2. 3. – Dans le présent : 4. 5. – Dans le futur : 6.
c. 1. Non. – 2. Oui. – 3. Après six ans. – 4. Oui.

2 2. J'étais. Je passais. – 3. Nous faisions. – 4. Mes parents ont trouvé. Nous avons déménagé. – 5. Nous habitons. – 6. Je m'endors. Je rêve. – 7. Je serai. Je travaillerai. – 8. Tu viendras.

Page 23 : Les indicateurs de temps

1 1. **b.** Puis un jour, ses parents ont immigré en France. – **c.** Depuis 1994, il habite à Triel. – **d.** L'été prochain, il retournera dans sa ville natale, chez ses grands-parents.
2. **a.** À l'école primaire, il n'était pas très bon élève. Il aimait surtout s'amuser et faire le cancre. – **b.** Puis l'année dernière, il a changé. Il a mûri. – **c.** Depuis la cinquième, il travaille vraiment très bien. Il adore l'allemand et les maths. – **d.** L'été prochain, il fera sûrement un séjour linguistique en Allemagne.
3. **a.** Avant, nous étions très amis, Alex et moi. On jouait souvent à des jeux vidéo ensemble. – **b.** Puis, en septembre, je suis entré(e) dans l'équipe officielle de basket de la ville. – **c.** Maintenant, nous nous voyons beaucoup moins. Il sort plus souvent avec ses copains de cinquième. – **d.** Mais l'année prochaine, quand il aura 14 ans, il rejoindra peut-être notre équipe de basket.

Page 25 : Conjugaison

1 1. **a.** (Ils souhaitent se marier rapidement.) – 2. **a.** – 3. **a.**
2 sera – **b.**
3 1. non – 2. oui – 3. oui – 4. non – 5. oui – 6. oui.

Page 27 : Conjugaison

1 1. *Faire un long voyage :* Un jour, je ferai un long voyage. – *Partir loin avec une copine ou un copain :* Je partirai loin avec une copine. – *Travailler pendant l'été :* On travaillera pendant l'été. – *Mettre tout son argent de côté :* Nous mettrons tout notre argent de côté. – *Acheter un billet d'avion :* Puis, nous achèterons un billet d'avion. – *Prendre un aller simple :* Je prendrai un aller simple. – *Commencer par la Chine :* Ils commenceront par la Chine. – *Aller au Vietnam :* Ensuite, ils iront au Vietnam. – *S'arrêter :* Là, ils s'arrêteront chez la tante de Tony. – *Recevoir :* Elle et son mari les recevront chaleureusement, c'est sûr. – *Gâter :* Elle les gâtera beaucoup. – *Emmener :* Lui aussi. Il les emmènera visiter les plus beaux temples. – *Être :* Ce sera magnifique. – *Voir :* Vous verrez ! – *Ne plus vouloir :* Ils ne voudront plus partir !

Page 28 : Bilan

1 2. écrivait – a écrit – utilise – se servira – 3. voyageait – a voyagé – on utilise – se servira.
2 *Exemples de phrases possibles :*
On mangeait cru. – L'homme a découvert le feu. – Il se sert du gaz et de l'électricité. – Les aliments cuiront tout seuls !

Page 29 : Bilan

3 **De Karim à Sarah :** 2. mange – 3. crois. suis – 4. es. rédiges – 5. écris – 6. peux – 7. veux. souhaite. **De Sarah à Karim :** est – promets – dirai. **De Karim à Sarah :** 1. ai rencontré – 2. était – 3. parle. apprend – 4. suffit. dirai. **De Sarah à Karim :** 1. as satisfait – 2. veux – 3. me suis beaucoup amusée.
4 Le présent. – Toujours.

Page 30 : Bilan

5. sommes rentrés – faisait – suis arrivé – était – est – rigolait – discutait – semblait – suis allé – n'était pas – avait – connaissais pas – nous nous sommes regardés – sont arrivés – a présenté – voulais – n'ai pas osé – a sonné – décrivait – discutaient – rêvais – parlerai – vais réviser – serai.

Page 31 : Bilan

6. n'est pas – goûterai – vais prendre – est sur le point de manger – mange – rêve – n'a pas touché – a mangé – mangeais.

7. 1. non – 2., 3., 4., 5. : oui et non sont possibles – 6. non – 7. non – 8. a., b., c. : sont possibles.

8. *Exemples de réponses :*
1. J'ai terminé l'exercice 3 tout à l'heure. – 2. Je vais commencer la leçon suivante demain.

Chapitre 2 *RACONTER SANS SE RÉPÉTER*

Page 33 : Les pronoms personnels COD

1. 2. le tapis : l' = COD ; il = sujet – 3. la couleur = sujet – 4. la couleur = COD – 5. les motifs = COD – 6. les motifs : les = COD ; ils = sujet.

2. 2. tu, t' – 3. il – 4. le – 5. elle – 6. l' – 7. on, nous – 8. vous – 9. vous, ils, ils, les.

3. 2. la – 3. le – 4. les – 5. les – 6. la – 7. l' – 9. le, l' – 10. le, le – 11. le.

Page 35 : Les pronoms personnels COI

1. 2. Tu connais MC Solaar – 3. Je ne connais pas MC Solaar – 4. Justine adore les Offspring – 5. J'ai offert à Justine leur dernier CD – 6. On n'entend plus beaucoup Céline Dion – 7. Je dirai bonsoir à mes parents.

2. 1. Elle plaît beaucoup à Brad – 2. Brad fera entendre Lynda Lemay à Sami – 3. Sami initiera Brad au rap français.

3. 2. Sami lui répond et lui donne son adresse – 3. Il lui explique le fonctionnement du collège – 4. Il lui envoie une photo de sa maison et de sa famille – 5. Il l'attend avec impatience.

4. 2. lui prête – 3. lui confie – 4. lui propose.

Page 37 : Les pronoms COD et COI avec un verbe au passé composé

1. 1. Il m'a fait plaisir – 2. Alors je l'ai mis sur mon bureau – 3. et je l'ai arrosé une fois par semaine.

2. a. 2. Est-ce que tu lui as répondu ? – 3. Je lui ai téléphoné. – 4. Je ne lui ai pas posé la question. – 5. Il nous a donné son heure d'arrivée. – 6. Nous l'attendrons à l'aéroport.
b. 2. COI – 3. COI – 4. COI – 5. COI – 6. COD.

3. 2. Je lui ai prêté le magazine = COI – 3. On l'a vu avec mes parents = COD – 4. Il leur a moyennement plu mais nous on l'a adoré = COI, COD – 5. Il l'a beaucoup aimé = COD – 6. On t'encourage fortement = COD.

Page 39 : Les pronoms COD et COI avec un verbe au passé composé

1. 2. nous a rendu – **3.** t'a mis – **4.** m'a mis – **5.** lui as demandé – **6.** m'a dit, l'ai bien lu – **7.** l'ai vu, t'a donné – **8.** l'ai aidée.

2. a. lui = COI – nous = COI – les = COD masculin pluriel – les = COD masculin pluriel – les = COD masculin pluriel.
b. **2.** <u>Ces rôles de singes</u>, ils <u>les</u> ont interprétés avec beaucoup de naturel.

3. <u>Ces gestes de chimpanzés</u>, ils <u>les</u> ont pratiqués.

4. <u>Ces masques</u>, ils <u>les</u> ont portés des journées entières.

Page 40 : Les pronoms COD et COI avec un verbe au passé composé

3. 2. Je l'ai regardée ; l' = Julia – **3.** Elle m'a vu ; m' = Sami – **4.** je l'ai invitée ; l' = Julia – **5.** Mais elle ne m'a pas répondu ; m' = Sami – **6.** Elle est partie ; elle = Julia – **7.** Et elle les a croisés ; les = Léo et Alex – **8.** Je les ai suivis ; les = Léo et Alex – **9.** Puis elle a disparu ; elle = Julia – **10.** Et je me suis réveillé ; je = Sami.

4. 2. Nous l'avons poussée. – **3.** Vous l'avez vidé ? – **4.** Nous les avons pliés. – **5.** Vous les avez donnés. – **6.** On les a donnés. – **7.** Je les ai mis. – **8.** Je l'ai placée. – **9.** Vous les avez accrochés. – **10.** Je les ai descendus ; je l'ai roulé et l'ai descendu. – **11.** C'est moi qui l'ai déménagé ; les garçons m'ont aidée. – **12.** Je l'ai repeint.

Page 41 : Les pronoms COD et COI avec un verbe au passé composé

5. 2. f. – **3.** a. – **4.** e. – **5.** c. – **6.** b.

6. 2. photos de famille. *Photos* est féminin pluriel et le pronom *les* est un COD pluriel ; le participe passé est au féminin pluriel. – **3.** clef de la chambre de Brad. *Clef* est féminin singulier et l' est un COD singulier ; le participe passé indique un féminin singulier. – **4.** tapis à fleurs. *Tapis* est masculin singulier et l' est COD singulier ; le participe passé indique un masculin singulier. – **5.** commode. *Commode* est féminin singulier et l' indique un singulier ; le participe passé indique un féminin singulier. – **6.** Chloé. *Chloé* est féminin singulier, l' est COD singulier ; le participe passé indique un féminin singulier. – **7.** journal. *Journal* est masculin singulier, l' est un COD singulier ; le participe passé indique un masculin singulier.

7. 2. Je me suis levée en retard et, du coup, le bus, je l'ai manqué.

3. Quand je suis arrivée au collège, j'étais trempée.

4. Je n'avais pas mon cartable. Je l'avais posé pour fermer la maison à clef et je l'ai oublié devant la porte.

5. Quand je suis entrée dans la classe, j'ai craqué et j'ai pleuré.

6. Heureusement, les copines m'ont consolée !

Page 43 : *En* et *y* pour indiquer le lieu

1. 1. J'y suis allé. – **2.** J'y ai trouvé. – **3.** On y trouve. – **4.** Il y est allé. – **5.** On y mangeait très bien. – **6.** On pourra y aller.

2. 1. Nous y allons avec notre professeur de sports et notre professeur de musique. – **2.** On y fait du ski le matin et de la musique l'après-midi. – **3.** Ma sœur y est allée l'année dernière. – **4.** Elle en est revenue enchantée. **5.** Elle s'y est bien amusée. – **6.** Et elle en a rapporté des photos superbes. – **7.** Et toi tu en enverras des cartes postales à ton ami Tom.

Page 45 : *En* pour exprimer la quantité

1. 1. Il en faut trois. – **2.** Tu en achètes 200 grammes. – **3.** Tu en prends 200 grammes. – **4.** C'est cher, alors tu en mettras moins. – **5.** Tu en achètes 2 bouteilles. – **6.** Tu en mets un demi-litre dans le poêlon. – **7.** Tu n'en mets pas trop au début sinon il ne fond pas. – **8.** Tu en ajouteras petit à petit. – **9.** Tu en verseras régulièrement dans le poêlon. – **10.** Tu en prends un peu sur un bout de pain. – **11.** Chacun en prend une dizaine sur son assiette. – **12.** Chacun en met un sur sa fourchette.

Page 47 : *En* et *y* après certains verbes à préposition rigide

1. 2. Il y pense – **3.** Il n'y arrive pas. – **4.** Il sait que Sami a besoin de lui. – **5.** Mais lui, il a besoin de Julia, d'être avec elle, ou de rêver d'elle. – **6.** Il en a besoin. – **7.** Il lui parlera de son histoire. – **8.** Il lui en parlera longuement. – **9.** Elle au moins, il est sûr qu'elle n'en rira pas. – **10.** Elle s'y intéressera.

2. à un voyage au Canada – **2.** à téléphoner à l'Office du tourisme canadien – **3.** à l'Office du tourisme – **4.** avec l'hôtesse de l'Office du tourisme canadien – **5.** de Brad.

3. Je joue au foot parce que j'aime les sports d'équipe. J'y joue avec mon grand frère et mes copains. Du ski, j'en fais beaucoup. Au Canada et aux États-Unis. J'aimerais beaucoup en faire en France. Je joue aussi de la guitare. J'en joue tous les soirs. Je suis dans un groupe de rock.

Page 48 : *En* et *y* après certains verbes à préposition rigide

4. 2. Et du tennis, il en fait toute l'année. – **3.** Il en fait aussi avec ses copains. – **4.** Il en joue tous les mercredis. – **5.** Il en joue bien. – **6.** Elle en joue dans le groupe de rock du collège. – **7.** Ils pourront y jouer ensemble.

5. Sarah joue de la trompette. Elle en joue tous les soirs. – Léo joue du violoncelle. Il en joue régulièrement. – Karim joue de la batterie. Il en joue au conservatoire. – Iannis joue du djembé. Il en joue depuis 4 ans. – Julia joue de la guitare. Elle en joue avec ses copains.

6. *Exemples de réponses possibles :*
2. Tu vas faire du ski cette année ? **e.** Oui, je vais en faire cet hiver à la Plagne. – **3.** Tu as déjà fait du flysurf ? **g.** Non, je n'en ai jamais fait. Qu'est-ce que c'est ? – **4.** Tu as déjà fait de la planche à voile ? **b.** Oui, j'en ai fait l'été dernier sur la côte atlantique à Biarritz. – **5.** Tu fais souvent du snowboard ? **f.** Oui, j'en fais chaque année en février dans les Alpes. – **6.** Tu fais de la luge quelquefois ? **d.** Oui, j'en fais parfois avec mon petit frère. – **7.** Tu fais souvent du ski nautique ? **c.** Non, mais Brad en fait à Vancouver presque tous les week-ends.

7. *Exemples de réponses possibles :*
1. **a.** Sami, tu joues au tennis ? **b.** Oui, j'y joue deux fois par semaine. – **2. a.** Karim, tu joues au basket ? **b.** Oui, j'y joue après le collège. – **3. a.** Sarah, tu joues au ping-pong ? **b.** Oui, j'y joue avec Carla. – **4. a.** Julia, tu joues de la guitare ? **b.** Oui, j'en joue le soir avec mes copains. – **5. a.** Carla, tu joues de la flûte ? **b.** Oui, j'en joue tous les jours.

Page 51 : L'ordre des pronoms compléments

1. 2. Sami lui en a pris un. – 3. Tu m'en donnes un ? – 4. D'accord mais tu me le rendras. – 5. Ils les y attendent. – 6. Il les leur donne. – 7. Ils lui en offrent un aussi.

2. 1. Je les lui donne mais je demande des intérêts. / Je réfléchis. Il les demandera peut-être à un autre ami. les = 15 euros ; lui = un ami
2. Je fais comme si je ne l'entends pas. l' = une vieille dame. / Je me lève et je la lui laisse. / Je lui indique un siège libre un peu plus loin. la = votre place ; lui = une vieille dame
3. Vous la lui offrez. / Vous lui donnez l'argent qui lui manque. la = sa place ; lui = un ami.

3. 2. Je l'y ai conduit. – 3. Je les lui ai déposés. – 4. Je les ai rangés. – 5. Je les ai laissés.

Page 53 : Les pronoms compléments et l'impératif

1. Iannis : Lance-la-moi. – Le prof de gym : Non, ne la lui donne pas. Brad, passe-la-lui ! – Le gardien de but : Regarde-le ! – Karim : Vas-y Brad !

2. 2. Regarde-le. Admire-le. Essaye-le. Mais ne le garde pas. Rends-le-moi. – 3. La Saint-Valentin, pensez-y. Et votre Valentine, ne l'oubliez pas ! Offrez-lui des fleurs. – 4. Vous voulez faire plaisir à des amis : surprenez-les. Offrez-leur des places de théâtre. – 5. N'y allez pas ! Courez-y ! – 6. Prenez-le. – 7. Vos vieux vêtements : ne les jetez plus ! Donnez-les-nous. – 8. Ne me regarde pas comme ça. Achète-moi.

3. La pile, sers-t-en très longtemps ! Mais ne la jette pas… recharge-la ! – Le livre *Harry Potter*, achète-le, dévore-le mais ne l'avale pas ! – Les ordures, ne les mélange pas, trie-les et recycle-les ! – Les bonbons, goûte-les, partage-les, mais n'en mange pas trop !

Page 55 : Les pronoms compléments et l'infinitif

1. 2. B+A. La faire bouillir. – 3. B+A. La verser dans une bouteille. – 4. B+A. Prendre trois sachets de thé. – 5. B+A+C. Les faire tremper. – 6. C+B+A. Y ajouter du sucre et du citron. – 7. A+B. Secouer la bouteille. – 8. B+A+C. La mettre au frais. – 9. C+A+B. L'y laisser.

2. 2. Ne pas le poser à côté d'un évier ou d'une baignoire. – 3. Ne pas l'utiliser à une température supérieure à 45°. – 4. Le brancher et appuyer sur le bouton marche. – 5. Soulever la trappe cassette. – 6. Ne pas la tirer. – 7. Y insérer une cassette. – 8. La maintenir enfoncée jusqu'au rembobinage de la cassette. – 9. Après le bip, parler distinctement à environ 15 cm de l'appareil. – 10. L'enfoncer quand vous avez terminé. – 11. Le régler.

Page 57 : Conjugaison

1. 2. Dis-lui de venir. – 3. Achète des places de cinéma. – 4. Achètes-en deux. – 5. Puis appelle Brad. – 6. Et demande-lui s'il veut venir. – 8. Choisis un bon film. – 9. Et explique-lui que c'est un film à ne pas rater. – 10. Invite-le chez toi, résume-le-lui – 11. Et regarde-le droit dans les yeux.

2. *Exemples de réponses possibles :*
1. Attends-le à la sortie du collège et propose-lui de faire un bout de chemin ensemble. – 2. Écris-lui un petit mot et dis-lui franchement ce que tu ressens. – 3. Souris-lui le plus souvent possible. – 4. Achète-lui un petit cadeau.

3. 2. Tu as la balle et tu es encerclé, garde-la pour toi puis fais une passe ! – 3. Mais si ton équipier n'est pas libre, ne la lui passe pas ! – 4. Antoine, tu avais un adversaire près de toi, ne le laisse pas s'avancer. – **5.** Une partie du terrain était occupée par eux, ne t'y mets pas. – **6.** Les joueurs adverses sont très forts, ne les aide pas en restant à côté d'eux ! – **7.** Mais ton attention, ne la relâche pas.

Page 59 : Conjugaison

4. Les bras / Les prendre / Prenez-les.
Les bras / Les mettre dans les trous / Mettez-les dans les trous.
Les jambes / Les accrocher au corps / Accrochez-les au corps.
Les deux parties / Les enfoncer l'une dans l'autre / Enfoncez-les l'une dans l'autre.
La tête / La rentrer dans le cou / Rentrez-la dans le cou.
Le pistolet / L'accrocher à la ceinture / Accrochez-le à la ceinture.

5. *Exemples de réponses possibles :*
1. Donne-les à la Croix-Rouge – **2.** Dis-le au prof de maths ! – **3.** Prête-lui mais dis-lui d'y faire attention. – **4.** Ne t'inquiète pas, encourage-le !

Page 60 : Bilan

1. **2.** Il ne parle plus. – **3.** Je le crois amoureux. – **4.** Comment la trouves-tu ? – **5.** Je la trouve très jolie. – **6.** Tu crois qu'elle est amoureuse de Karim ? – **7.** Je crois qu'elle l'aime bien. Je ne les comprends pas toujours bien.

2. **1.** Un nouvel élève arrive dans ta classe au milieu de l'année :
a. Tu le salues mais tu ne lui parles pas tout de suite. – **b.** Tu lui souhaites la bienvenue et tu lui montres le collège. – **c.** Tu lui proposes de l'aider et tu lui expliques ce qu'il faut faire. – **d.** Tu le présentes aux professeurs. – **e.** Tu ne lui dis rien.
2. S'il est sympathique :
a. Tu lui téléphones le soir même et tu l'invites chez toi. – **b.** Tu lui demandes où il habite et tu vas le voir. – **c.** Tu lui offres un cadeau de bienvenue. – **d.** Tu l'invites à un match de foot – **e.** Tu lui donnes le numéro de téléphone d'une bonne copine.
3. Une nouvelle élève arrive dans ta classe au milieu de l'année :
a. Tu lui souris et tu lui dis de venir s'asseoir à côté de toi. – **b.** Tu ne la regardes pas. – **c.** Tu l'invites à la prochaine fête chez ton meilleur copain. – **d.** Tu la présentes à ton meilleur copain. – **e.** Tu lui écris un poème.

Page 61 : Bilan

3. **3.** Oh non, j'en sors à l'instant. Et on y est allés hier. – **4.** On y donne des cours de salsa. – **5.** Il paraît qu'il y a de l'ambiance. On en sort en super forme. – **6.** On y va ? – **7.** Vous y allez sans moi. Je m'en vais tôt demain. On y va pour son anniversaire.

4. **2.** plage – **3.** anniversaire – **4.** cinéma – **5.** disques – **6.** croissants – **7.** lycée – **8.** pieds.

5. **2.** Et Laure, est-ce qu'elle l'appelle souvent ? – **3.** Non, mais il leur téléphone de temps en temps. – **4.** Oui, elle lui plaît beaucoup. – **5.** Non, il ne la connaît pas très bien. – **6.** Non, elle n'est plus du tout amoureuse de Martin. – **7.** Oui, on s'y intéresse pas mal.

Page 62 : Bilan

6. **a. 2.** *en* remplace « des garçons » : Il y a beaucoup de garçons. – **3.** *en* remplace des « garçons » : Il y a plusieurs garçons. – **4.** *en* remplace « un garçon » : Vous rencontrerez un garçon.

b. Le pronom « en » reprend le nom en position COD.
c. Soyez patiente et vous finirez par en trouver un ou plusieurs qui vous aimeront. De la patience, il en faut énormément en amour.

Page 63 : Bilan

7 2. Tu la suis. – **3.** Tu l'attrapes. – **4.** Mets-les dans ton sac. – **5.** Si elle te demande un cadeau. – **6.** Donne-le-lui. – **7.** Ensuite, laisse-la partir. – **8.** Je ne m'en souviens plus. – **9.** La sorcière, tu l'as vue. – **10.** Le bibelot, tu le lui as offert. – **11.** Oui, entres-y ! – **12.** Ah non, non, sors-en. – **13.** Heureusement, tu les as évités. – **14.** Place-le dans ma main et pousse-le. – **15.** Tu l'as trouvé au début de la partie. Vas-y, porte-le à la statue.

Chapitre 3 CARACTÉRISER / QUALIFIER

Page 65 : Les pronoms relatifs

1 qui – qui – qui – que – qui – qui – qui – qu'.

2 2. C'est un fromage que les Français adorent mais qui ne sent pas toujours bon : le camembert. – **3.** C'est un pain salé qui a la forme de bras croisés et qui vient d'Allemagne : le bretzel. – **4.** C'est un plat d'Afrique du Nord qui est à base de semoule et qui est servi à la cantine tous les mardis : le couscous. – **5.** C'est une tarte italienne qui est mangée partout dans le monde et qui est le plat préféré des Tortues Ninja : la pizza.

Page 67 : Les pronoms relatifs

1 *Exercice libre. Exemples de réponses possibles :*
1. Je n'aime pas les filles qui sont dans ma classe. – **2.** Je n'aime pas les garçons qui se moquent des filles. – **3.** Je n'aime pas les profs qui donnent trop de devoirs. – **4.** Je n'aime pas les enfants qui ne prêtent pas leurs jouets. – **5.** Je n'aime pas les amis des parents qui viennent sans prévenir. – **6.** J'aime les devoirs que nous donne mon professeur de français. – **7.** J'aime les livres que j'ai lus cet été. – **8.** J'aime les films que cet homme réalise. – **9.** J'aime les gâteaux que ma grand-mère prépare. – **10.** J'aime les vêtements que Sarah m'a offerts.

2 2. toi – **4.** a pris – **5.** avons – **6.** prendras – **7.** avez – **8.** ont acheté.

3 2. ai débarrassé – **3.** débarrasse – **4.** avons tout fait – **6.** assures – **7.** êtes – **8.** vais débarrasser. feront.

Page 69 : Les pronoms relatifs

1 2. g. – **3.** a. – **4.** e. – **5.** c. – **6.** b. – **7.** d.

2 Le jour où nous nous sommes rencontrés, c'était le 5 octobre. Il y a de cela presque deux années. Cela fait dix jours que nous nous sommes quittés, sur un banc, où j'ai pleuré. Un banc où nous nous sommes embrassés. Un banc de Paris, ville où je t'ai rencontré. Il faisait froid. Le café où nous nous sommes installés, où nous avons parlé, je l'ai retrouvé. J'y suis rentrée. J'ai eu froid. Le garçon m'a installée à la place d'où tu m'as regardée, où j'ai espéré te revoir longtemps. Souvent. Amoureusement.

3 qui – que – qui – où – qu'.

Page 71 : Les pronoms relatifs

1 1. Tu trouveras le pull noir moulant dont tu rêves aux Galeries Fun. – **2.** Vous trouverez le jeans 2010 dont il a envie aux Galeries Fun. – **3.** Vous trouverez le dernier parfum de KC2 dont elle ne peut se passer aux Galeries Fun. – **4.** Tu trouveras une brosse à dents à pile dont ton frère se servira tous les jours aux Galeries Fun. – **5.** Tu trouveras le lecteur de mini-disques Synoha dont ton meilleur copain a absolument besoin aux Galeries Fun. – **6.** Vous trouverez les nouvelles baskets Mapu dont tout le monde parle aux Galeries Fun.

2 *Exemples de réponses possibles :*
2. J'ai une nouvelle voiture dont je suis très fière. – **3.** Mon ami porte les chaussures dont j'ai envie. – **4.** Dans ce film, il y a une scène dont j'ai peur. – **5.** Dans ma classe, il y a une élève dont le professeur de français se plaint souvent. – **6.** Il y a des sentiments dont on n'est jamais certain. – **7.** J'ai une amie dont mes copains sont fous. – **8.** Il y a des jeux vidéo dont on se fatigue vite. – **9.** Il y a des secrets de famille dont il ne faut pas trop parler.

3 **2.** trois eaux minérales dont une pétillante. – **3.** quatre glaces dont deux sans crème chantilly. Impossible. – **4.** Impossible. – **5.** trois salades de fruits dont une sans bananes ; trois salades de fruits dont une sans ananas. – **6.** impossible. – **7.** deux gâteaux au chocolat dont un avec de la crème anglaise.

Page 73 : Les pronoms démonstratifs

1 2. c. – 3. d. – 4. f. – 5. e. – 6. a.
2 2. f. – 3. e. – 4. d. – 5. a. – 6. b.
3 2. celles-ci ; ils parlent de chaussures. – **3.** celle, celle ; ils parlent d'une jupe ou d'une robe. – **4.** ceux-ci, ceux-là ; ils parlent de gants. – **5.** celui-là ; ils parlent d'un masque. – **6.** celui-ci ; ils parlent d'un costume.

Page 75 : Les pronoms démonstratifs

1 2. celles – 3. celle, celui – 5. celui, celui – 6. ceux – 7. celui, celui, celle, celle.
2 3. ce qu' – 4. cette robe-là. celle de – 5. cette robe-ci. ce – 7. celle. celle-là. celle que – 8. celle-ci. – 9. ces. celles dont – 10. celle. ce qui – 11. ce costume-ci. celui.

Page 77 : Les pronoms interrogatifs

1 3. quelles – 4. quel – 5. quels – 8. quelle.
2 2. laquelle – 3. lequel – 4. lesquelles – 5. laquelle.
3 2. laquelle – 5. lequel – 7. lequel – 10. laquelle – 11. quel – 13. lesquels – 15. quelle.

Page 79 : Les pronoms possessifs

1 1. C'est l'écharpe de Julia. – **2.** C'est le bonnet d'Alex. – **4.** Ce sont les gants des jumeaux. – **5.** C'est le sac d'Alex. – **6.** C'est le sac d'Alex et Léo. – **7.** C'est celui d'Alex et Léo.
2 2. b. – 3. a. – 4. f. – 5. g. – 6. c. – 7. e.
3 2. la mienne – 3. le tien – 4. des miennes – 5. les miennes.
4 2. le sien (= son cœur) – **3.** le mien (= mon bonheur) – **4.** les siennes (= ses larmes) – **5.** le mien (= mon sourire) – **6.** la sienne (= sa façon de penser) – **7.** du sien (= son amour). – **8.** le sien (= son cœur) – **9.** le mien (= mon cœur).

Page 81 : Conjugaison

1. Je me suis levé(e). Nous nous sommes levé(e)s. – Je me suis lavé(e). Nous nous sommes lavé(e)s. – Tu t'es brossé les dents. Vous vous êtes brossé les dents. – Tu t'es lavé les cheveux. Vous vous êtes lavé les cheveux. – Tu t'es regardé(e) dans une glace. Vous vous êtes regardé(e)s dans une glace. – Il s'est dépêché. Elles se sont dépêchées. – Il s'est cogné. Elles se sont cognées. – Il s'est tordu la cheville. Elles se sont tordu la cheville. – Elle s'est mordu la langue. Ils se sont mordu la langue. – Elle s'est énervée. Ils se sont énervés. – Elle s'est recouchée. Ils se sont recouchés. – Tu ne t'es pas levé(e). Nous ne nous sommes pas levé(e)s. – Tu ne t'es pas lavé(e). Nous ne nous sommes pas lavé(e)s. – Il ne s'est pas brossé les dents. Elles ne se sont pas brossé les dents. – Il ne s'est pas lavé les cheveux. Elles ne se sont pas lavé les cheveux. – Il ne s'est pas regardé dans la glace. Elles ne se sont pas regardées dans la glace. – Vous ne vous êtes pas dépêché(e)s. – Vous ne vous êtes pas cogné(e)s. – Vous ne vous êtes pas fait mal.

Page 82 : Bilan

1. 2. qui – **4.** dont. dont. que. dont. que. qui – **6.** où. où.

2. 2. celui qui. celui que – **4.** celle qu' – **5.** celui dont – **6.** ceux que. celles qui.

3. 3. ce que. ce qui – **4.** ce que. ce qui. ce dont. ce dont.

Page 83 : Bilan

4. *Exemples de réponses possibles :*
1. Ce que je préfère faire, c'est aller au cinéma. – 2. Ce dont j'ai peur dans la vie, c'est d'échouer à mes examens. – 3. Ce qui m'intéresse à l'école, c'est pouvoir me faire des amis. – 4. Ce que je vais voir au cinéma, ce sont des films de science-fiction. – 5. Ce qui me plaît le week-end, c'est aller me balader.

5. 2. qu'. qui – **3.** que – **4.** qui – **5.** que – **6.** dont – **7.** qui. que.

6. *Exemples de réponses possibles :*
1. Quel est le pain français qui est très connu à l'étranger ? La baguette. – 2. Quelle est la spécialité italienne que les Tortues Ninja adorent ? La pizza. – 3. Quelle est la chanteuse canadienne dont le mari s'appelle René ? Céline Dion. – 4. Quelle est la ville où coule la Seine ? Paris.

Page 84 : Bilan

7. 2. Quel est votre prénom ? – **3.** Quelle est votre date de naissance ? – **4.** Dans quelle classe êtes-vous ? – **5.** Quelles options avez-vous choisies ? – **6.** Quels sports pratiquez-vous ? – **7.** De quels instruments de musique jouez-vous ?

8. le vôtre – le vôtre – le vôtre – le mien.

Page 85 : Bilan

9. 2. celles de Juliette. – **3.** celle de Charlotte. – **4.** ceux de François. – **5.** J'aime bien ton pantalon. Il est aussi beau que celui de Stéphane. – **6.** J'aime bien tes parents. Ils sont plus accueillants que ceux de Loïc. – **7.** J'aime bien ta sœur. Elle est plus mignonne que celle de Thomas. – **8.** J'aime bien ce film. Il est mieux réalisé que celui que j'ai vu samedi dernier.

10. 2. celui qui – **3.** celui qui – **4.** ce qui – **5.** celui qui – **6.** celui qui chante.

11. 1. qui. l' – **2.** quelle – **3.** celle-ci. celle – **4.** laquelle – **5.** celle qui – **6.** celle-là – **7.** celle qui. dont – **8.** celui dont. où.

Page 87 : Le comparatif

1. 2. plus courts que. moins longs que – **3.** encore moins longs – **4.** plus grandes – **5.** plus que – **6.** moins chères.

2. 2. plus longs que – **3.** mieux qu'elle – **4.** moins vite que – **5.** plus prudente – **6.** moins souvent que lui – **7.** moins proches de la ville qu'à Vancouver – **8.** plus sûre. mieux – **9.** plus d'assurance. plus – **10.** meilleur. plus de charme – **11.** plus amusant.

3. 1. plus rapide que – **2.** aussi bon que – **3.** moins bon. plus mauvais – **4.** aussi vite que. meilleur – **5.** aussi bons que – **6.** aussi bavards que.

Page 89 : Le comparatif

1. Je t'aime aujourd'hui, plus qu'hier et (bien) moins que demain.

2. 2. Les chutes du Niagara sont moins hautes que celles du Zambèze. – **3.** moins ancienne que – **4.** moins grand que – **5.** beaucoup moins rapide mais plus performant que – **6.** plus longtemps que – **7.** plus long que.

3. 1. plus de, moins de, meilleur que – **2.** plus légère, plus saine, plus de sport de plein air, aussi jeune qu', mieux – **3.** mieux… que, plus que, plus de, plus qu'un.

Page 91 : Le comparatif

1. *Exemples de réponses possibles :*
2. Les garçons pleurent moins que les filles. – **3.** Les garçons skient aussi bien que les filles. – **4.** Les filles sont meilleures en orthographe que les garçons. – **5.** Les filles sont aussi gourmandes que les garçons. – **6.** Les filles sont beaucoup plus lentes à se préparer que les garçons. – **7.** Les garçons jouent un peu plus souvent à la PlayStation que les filles. – **8.** Les garçons sont meilleurs au foot que les filles. – **9.** À 14 ans, les filles sont un peu plus grandes que les garçons. – **10.** À 15 ans, les filles n'ont pas une voix aussi grave que les garçons. – **11.** Les garçons ont un meilleur sens de l'orientation que les filles. – **12.** Les filles parlent un peu mieux les langues étrangères que les garçons.

2. 2. En France, on mange autant de fruits que dans mon pays. – **3.** On boit beaucoup plus de vin. – **4.** Les jeunes boivent un peu moins de coca. – **5.** On met autant de sel. – **6.** On utilise vraiment moins d'épices. – **7.** On consomme un peu plus de pain. – **8.** On fait autant de gâteaux.

Page 93 : Le superlatif

1. 3. mieux – **4.** mieux, moins – **6.** les plus durs, pires, meilleures, le plus, le plus efficace. – **7.** très agréable, le mieux, les plus indécis, les plus lâches, les moins courageux, les moins généreux – **9.** meilleur, meilleures, le meilleur, la plus disponible, le plus merveilleux, le plus ouvert, le plus sensible, le moins égoïste – **10.** plus beaux, meilleure.

2. 1. la plus – **2.** le plus – **3.** la plus.

Page 95 : Le superlatif

1. 2. Val d'Isère est la station qui a le plus grand domaine skiable. – **3.** La Plagne est la station qui a le plus grand nombre de pistes bleues. – **4.** Les pistes rouges à Val d'Isère sont les plus nombreuses. – **5.** Chamonix est la station qui a le moins de pistes bleues. – **6.** Chamonix est la station qui a le plus haut sommet. –

7. L'hôtel de La Plagne a la plus haute altitude. – **8.** La gare pour Val d'Isère est la plus éloignée de la station. – **9.** Le prix d'une semaine de ski est le plus élevé à Val d'Isère. – **10.** Le prix d'une semaine de ski est le plus bas à La Plagne. – **11.** *Réponse libre.*

Page 97 : Conjugaison

1. 2. Il ne s'est pas coiffé. – **3.** Elle ne s'est pas levée. – **4.** Sarah s'est rendormie. – **5.** Camille s'est recouchée. – **6.** Marie s'est mise à rêver.

2. 2. Ils ne se sont jamais téléphoné. Se = COI, donc pas d'accord. – **3.** Ils se sont connus par mél. Se = COD = Marie et Tom = masc. plur. → connus. – **4.** Ils se sont écrit souvent. Se = COI, donc pas d'accord. – **5.** Ils se sont compris tout de suite. Se = COD = Tom et Marie → compris. – **6.** Je crois qu'ils se sont plu. Se = COI, donc pas d'accord.

3. 2. Nous sommes retrouvés. – **3.** Nous sommes aperçus. – **4.** Nous sommes reconnus. – **5.** Nous sommes très bien entendus. – **6.** Nous nous sommes beaucoup entraînés. – **7.** Nous nous sommes qualifiés. – **8.** Je me suis régalé. – **9.** On s'est amusés.

Page 98 : Bilan

1. 2. Le sommet le plus élevé d'Europe est le mont Blanc. – **3.** L'état le plus petit d'Europe est le Vatican. – **4.** L'oiseau le moins grand qu'on peut voir à Cuba mesure 6 cm de long. – **5.** Le meilleur nougat de France est fabriqué à Montélimar. – **6.** La tour de Londres est bien moins haute que la tour Eiffel.

2. *Exemples de réponses possibles :*
2. Quel est le plus bel acteur de cinéma ? **B.** Pour moi, c'est Brad Pitt. **A.** Ah oui ? Pour moi, Johnny Depp a de plus beaux yeux que lui. – **3.** Quelle est, d'après toi, la chanteuse qui a la plus belle voix ? **B.** D'après moi, c'est Hélène Ségara. **A.** Pour moi, Céline Dion chante mieux qu'elle. – **4.** Quel est le meilleur groupe de rock ? **B.** Pour moi, c'est Radiohead. **A.** Ah oui ? Pour moi, Aerosmith est bien meilleur qu'eux.

Page 99 : Bilan

3. *Exemples de réponses possibles :*
2. En France, la végétation est moins abondante qu'au Congo. – **3.** Les gens sont moins grands qu'en Suède. – **4.** Les magasins ferment plus tard qu'aux Pays-Bas. – **5.** On boit plus de vin qu'en Allemagne. – **6.** La nourriture est moins épicée qu'en Italie.

4. *Exemples de réponses possibles :*
2. Chez nous, il fait bien moins froid qu'en France. – **3.** En Espagne, les acteurs de cinéma sont aussi nombreux qu'en France. – **4.** Chez nous, les jeunes apprennent plus souvent la musique qu'en France. – **5.** En France, les cours se finissent plus tard que chez nous.

5. *Exemples de réponses possibles :*
Prix Guignol décerné à Karim. Il reçoit un livre des meilleures blagues du monde. Parce que ? C'est celui qui est le plus drôle de la classe. Il est beaucoup plus amusant que Paul. – Prix Rio décerné à Julien. Il reçoit des chaussures de danse. C'est celui qui danse le mieux de toute l'école. Il danse beaucoup mieux que Pedro. – Prix Tour Eiffel décerné à Florence. Elle reçoit la cassette vidéo d'*Amélie Poulain*. C'est celle qui a les meilleures notes en français. Elle est plus

douée que Karine. – Prix En Vogue décerné à Justine. Elle reçoit un bon d'achat dans sa boutique de vêtements préférée. C'est celle qui a les vêtements les plus à la mode de tout le collège. Elle est un peu plus chic que Véronique. – Prix Machiavel décerné à François. Il reçoit un livre sur les bonnes manières. C'est celui qui est le moins sympathique de toute la classe. Il est encore plus désagréable que Clémentine. – Prix Auréole décerné à Juliette. Elle reçoit les félicitations du jury. C'est celle qui partage le plus dans la classe. Elle est bien plus généreuse que Martine.

Page 101 : Bilan

6. 2. bien moins jolie. moins bien que – **3.** moins classique et plus courte – **4.** meilleur marché – **6.** plus désagréable que les autres.

7. 2. dont tu m'as montré la photo. à qui. qui est allé – **4.** Celle qu'il a descendue à toute vitesse. – **6.** qui m'as donné son mél – **7.** qui lui as dit – **8.** ce qui. aussi sportive que toi ou que lui – **9.** aussi bien que toi – **10.** qu'. moi. dont.

Chapitre 5 *EXPRIMER LA NÉGATION*

Page 103 : La négation

1. 2. Non, je n'ai rien fait. – **3.** Non, et je n'ai pas écouté la radio. – **4.** Non, je n'ai pas ouvert une BD. – **5.** Non, je ne lui ai pas écrit. Je ne lui ai pas envoyé de mél. Je ne lui ai pas téléphoné.

2. 2. Elle ne sortait plus. – **3.** Elle ne téléphonait plus à ses copains. – **4.** Elle ne voulait plus rencontrer aucun garçon. – **5.** Elle pleurait, ça ne l'aidait pas beaucoup. – **6.** Alors elle a tout écrit dans son journal. – **7.** Elle ne lui a rien caché. – **8.** Puis un jour elle n'a plus pleuré. – **9.** Tous les garçons ne sont pas égoïstes. – **10.** Ne sont pas tous lâches. – **11.** Ne sont pas tous aussi insensibles que lui. – **12.** Elle a accepté la proposition de Brad. – **13.** Elle n'a plus pensé à Martin.

Page 105 : La négation

1. 2. a. – **3.** f. – **4.** e. – **5.** d. – **6.** c.

2. 2. Ce n'est pas vrai ! Ce n'est pas possible ! – **3.** Il n'y a plus de haricots verts. – **4.** Je n'aime pas cela. – **5.** Vous n'avez pas de radis ? – **6.** Je n'en ai pas. – **8.** non plus ; pas de radis ni de concombres. – **10.** Je n'ai plus de saucisson. – **12.** Je ne mange pas de viande. – **14.** Pas de vin. – **16.** Il n'y a plus de coca. – **17.** Ce n'est pas grave. – **19.** Non plus.

Page 107 : La négation

1. 1. ne ; n'ai pas d'ami ; personne ne ; ne suis pas ; ne me trouve pas ; ne veux plus. – **2.** ne suis jamais ; aucun ; ne sais pas ; ne le saurai que ; ne supporte pas. – **3.** n'aime personne ; ne pense qu'à lui ; n'aime que son canapé ; il ne fait rien ; il ne va jamais nulle part ; il ne téléphone jamais à personne.

2. 2. ne mange jamais de viande. – **3.** ne travaille pas. – **4.** qui ne dort pas. – **5.** ne s'intéresse qu'à lui. – **6.** personne ne comprend. – **7.** n'aime pas les étrangers. – **8.** qui n'aime pas les femmes.

Page 109 : Conjugaison

1. a. Ne pas marcher sur la pelouse. – b. Ne pas jouer au ballon. / Ne pas jouer au foot. – c. Ne pas faire de vélo dans le parc. – d. Ne pas laisser de vaisselle sur les tables. – e. Ne pas cueillir les roses. – f. Ne pas s'asseoir sur les statues.

2. *Exemples de réponses possibles :*
2. Justement, ici, on ne joue pas au foot. Mais, monsieur l'agent, ce n'est pas un ballon de foot, c'est un ballon de rugby. – 3. Et vous, mademoiselle, c'est interdit de rouler à vélo dans le parc. Mais, monsieur, je ne roule pas à vélo. Je suis juste assise sur ma selle et j'attends mon ami. – 4. Monsieur, débarrassez la table, s'il vous plaît. Mais, monsieur, je viens tout juste d'arriver. Ce n'est pas moi qui ai laissé traîner cette vaisselle. Je n'ai encore rien mangé. Et rien bu. Mais j'ai soif… – 5. Mademoiselle, il est interdit de cueillir les roses de ce jardin. Mais, monsieur, je ne les cueille pas, je les sens, c'est tout. Et elles sentent très bon. Vous voulez les sentir ? – 6. Monsieur, ne vous asseyez pas sur les monuments. C'est interdit. Mais, monsieur, c'est une statue. Et elle est couchée. (*Ou :* Monsieur, ne vous asseyez pas sur les statues. C'est interdit. Mais, monsieur, cette statue est déjà assise / allongée / couchée.)

3. *Exemples de réponses possibles :*
1. Je ne jouerai plus ni au foot ni au rugby au jardin des Plantes. – 2. Je ne prendrai plus mon vélo lorsque j'irai au jardin des Plantes. – 3. Je débarrasserai les tables du jardin, même si je ne m'y suis pas assis. – 4. Je ne m'approcherai plus des rosiers du jardin des Plantes. – 5. Je ne toucherai plus les statues du parc.

Page 110 : Bilan

1. 2. Il ne parle à personne. – 3. Elle ne s'intéresse à rien. – 4. Il n'a aucun ami. – 5. Elle ne va nulle part. – 6. Il n'a peur de rien. – 7. Elle n'en parle aucune. – 8. Rien ne va pour elle. – 9. Personne ne l'aime.

2. 1. On ne pouvait voter qu'à 21 ans. – 2. L'école n'était obligatoire que jusqu'à 12 ans. – 3. Il ne faut plus que 3 heures avec le Concorde.

3. 2. Je pense à mes amis. – 3. Il ne me manque plus. – 4. Je ne me sens plus ni seule ni abandonnée. – 5. Je ne suis presque plus jamais triste. – 6. J'arrive de nouveau à rire avec mes amis. – 7. et à participer à leurs sorties. – 8. J'ai envie de faire plein de choses. – 9. Écrire mon espoir et ma joie. – 10. Je ne l'aime plus. – 11. C'est facile d'oublier quelqu'un que l'on n'aime plus.

4. Il y a du monde partout même après neuf heures du soir. – Beaucoup de piétons, et encore plus de voitures. – Dans les rues et sur les places. – Des cris, des rires, du bruit. – On n'entend plus le vent dans les arbres qui ont toujours quelque chose à protéger. – On n'entend plus la mer au loin. On n'entend que les cris des baigneurs. (*Ou :* Il y a trop de baigneurs.)